颐和园藏文物大系

华士澍敬题

颐和园藏文物大系

Compendium of the Cultural Relics in the Collection of the Summer Palace

外国文物卷

北京市颐和园管理处　◎编

文物出版社

图书在版编目（ＣＩＰ）数据

颐和园藏文物大系．外国文物卷／北京市颐和园管
理处编．－－北京：文物出版社，2018.6
ISBN 978-7-5010-5600-2

Ⅰ．①颐…　Ⅱ．①北…　Ⅲ．①颐和园－文物－介绍
Ⅳ．①K872.1

中国版本图书馆CIP数据核字(2018)第104899号

颐和园藏文物大系·外国文物卷

编　　者	北京市颐和园管理处
扉页题字	苏士澍
责任编辑	冯冬梅
文物摄影	刘小放　宋　朝
责任校对	安艳娇
顾　　问	于炳文
封面设计	程星涛
版式设计	刘　远
责任印制	陈　杰
出版发行	文物出版社
社　　址	北京市东直门内北小街2号楼
网　　址	http://www.wenwu.com
邮　　箱	web@wenwu.com
制版印刷	北京图文天地制版印刷有限公司
经　　销	新华书店
开　　本	635×965mm　1/8
印　　张	25.5
版　　次	2018年6月第1版
印　　次	2018年6月第1次印刷
书　　号	ISBN 978-7-5010-5600-2
定　　价	460.00元

《颐和园藏文物大系·外国文物卷》
编辑委员会

编 委 会　李国定　张自成　杨　静　王　馨
　　　　　秦　雷　周子牛　吕高强　刘铁巍
主　　任　李国定
主　　编　秦　雷
执　　笔　周尚云　王晓笛　崔丽蕊　王　晶
　　　　　刘铁立　韩　可　臧辰垚　赵梓晰
　　　　　郭　辉

目　录

其 他 175

凡　例

◆　一、《颐和园藏文物大系》（以下简称《大系》）是一套以文物图片为主体，系统展示颐和园藏文物的图书，其中著录文物藏品的名称、时代、尺寸、纹饰、造型等基本要素，其他不做考释。

◆　二、《大系》按类别分卷。分卷以文物藏品质地、功能、用途或艺术品种为依据，每卷原则上按历史时序排列。每卷首册设目录、凡例、总序、专文、图版，其余各册只设图版目录、图版。

◆　三、《大系》选取颐和园各类别中最具代表性的文物藏品，全面系统地反映颐和园作为清代皇家园林丰富的文物收藏，体现出清代皇家园林文物藏品的特点，同时体现出文物藏品的历史价值、艺术价值和科学价值。

◆　四、颐和园文物藏品主要为清代皇家园林旧藏，少部分为1914年颐和园对外开放以后历史遗存和1949年以后调拨、征集和社会各界捐赠的文物藏品。

◆　五、颐和园旧藏文物藏品主要来源于清漪园遗存、颐和园陈设、其他宫苑调拨、王公大臣为慈禧进贡寿礼、外国使节礼品等。

◆　六、藏品定名以质地、纹样、器形三要素为主，个别名称参照业界通用名称。

◆　七、中国文物的时代采用传统朝代纪年方法，外国文物使用公元纪年方法。

◆　八、度量衡和数据均采用中华人民共和国法定单位书写。

总　序

秦　雷

　　颐和园的前身是始建于清乾隆十五年（1750年）的清漪园，是目前中国保存最为完整的皇家园林，它处在三山五园（圆明园、畅春园、香山静宜园、玉泉山静明园、万寿山清漪园）区域的核心位置，乾隆皇帝称誉其为"何处燕山最畅情，无双风月属昆明"，是整个京西皇家园林的中心主景和历代皇家园林建设的压卷之作。咸丰十年（1860年）清漪园与圆明园等一起被英法联军焚毁，光绪时期修复改称颐和园后，地位更加重要，成为清代与紫禁城并列的政治、外交中心。

　　多年来，或许是颐和园皇家园林山水建筑景观太过于美轮美奂，令人目眩神迷，颐和园藏文物的光彩受到些许掩盖。作为皇家园林的颐和园，园藏文物是其核心价值之一。有清一代，园中文物称为"陈设"，摆放在殿堂内外。颐和园的陈设，包括清宫"陈设档"内所列之佛像、书画、古玩、钟表、家具、铺垫、帐幔、日常用品以及各种露天铜器、湖石、石雕等物。与建筑、园林相互依存的陈设琳琅满目，精美绝伦。由于不同年代的国势强弱不同，各殿宇建筑风格与功能有别，及历代帝后喜好差异，清漪园与颐和园两个时期"陈设"的内容、布置及管理方法也有所不同。与园林的沧桑命运相伴，园藏文物也阅尽世变。颐和园文物的变化也反映了近代中国的国势兴衰与宫廷文化的嬗变。

　　清朝灭亡后，颐和园中的"陈设"作为文物一直被妥加保护，除去因为时代变迁稍有损益外，整体传承有序，保存完整。目前，颐和园园藏文物计有近四万件，时间上自商周、下至晚清，是中国三千多年的文明历史的经典遗存；品类涵盖铜器、玉器、瓷器、木器、漆器、书画、古籍、珐琅、钟表、竹器、乐器、根雕、杂项等，几乎囊括了中国传世文物的所有门类，其中不乏独特罕有的珍品。从整体上看，颐和园藏文物，是中国皇权时代最后一处大规模、系统性、高等级的宫廷文物聚落，在中国文化史、宫廷史、园林史上都有重要的历史、艺术和科学价值。

　　近年来，颐和园对园藏文物的保护力度持续加大。2000年，颐和园建成开放的文昌院作为集文物现代化保管与展示为一体的博物馆以来，园藏文物管理机制日益健全和成熟。通过举办主题展览和交流展览，颐和园园藏文物日益为海内外游客观众所知晓；通过展览交流的推动，文物研究、文物修复和保管专业队伍也日益得到锻炼和提升，管理和学术成果不断涌现，已经成为颐和园文化遗产保护利用和可持续的核心资源。

一、颐和园文物藏品之沿革

1. 清漪园时期

清漪园时期的陈设，盛于乾隆、嘉庆，衰于道光，毁于咸丰，荒于同治。乾隆时期，清王朝国势鼎盛，国库充裕。乾隆帝又精于鉴赏，对文玩多有搜罗，商周之铜器、唐宋元明之瓷玉及书画搜括不少。清宫内又设造办处，专为皇家制作各类精致用品，因此清漪园中的陈设多为专门制作。乾隆皇帝还自己提出"钦定"样式，集天下能工巧匠，命人监工制作。作为乾隆皇帝最钟爱的皇家园林，清漪园中的陈设文物集中了皇家历年的珍贵收藏，是园林历史上文物数量最多、品质最精的时期，当时记录在册的"陈设"多达四万余件，清廷内务府专门设立《陈设清册》，建档管理。由于乾隆等诸皇帝不在园中居住，所以清漪园陈设文物的特点是以鉴赏、把玩为主，使用为辅，注重文物陈设的品质。陈设的形式、内容与建筑的形式和使用功能相配套。各类陈设的设计，甚至每件文物的定位都要经过皇帝严格审批。这在清宫档案中有明确的记载："乾隆十五年三月二十七日，谕令造办处首领孙祥为万寿山做大五更钟一座，先画样呈览。""四月八日，孙祥将画得五更钟并时刻钟纸样呈览。"但乾隆帝并不十分满意，遂下旨做了更具体的指示，令其照延爽楼的钟式样铸造，同时下旨将现有一件做时钟用，再铸一件用作刻钟。"十二月初五日，孙祥将新画更钟并刻钟纸样呈览"，乾隆帝始批准交铸炉处照样铸造。

乾隆创设，嘉庆守成，嘉庆时期清漪园的陈设基本延续着乾隆时期的面貌。在中国第一历史档案馆珍藏的清漪园陈设册中，园中陈设是按每一组或一幢建筑列为一本陈设册。册中对殿堂中文物的名称及陈放位置记录详尽，从中可以判断出各座建筑的主要功能用途，是研究清漪园时期文物陈设的重要史料。如嘉庆十二年（1807年）《玉澜堂等处陈设清册》记载：

勤政殿明间面东设红金漆闹龙照背宝座地平一分，宝座两边安鸾翎宫扇一对，紫檀杆座。地平上铺蓝边红猩猩毡一块，纳绒花毯一块，黄绢里。宝座上铺红白毡各一块，红猩猩毡一条，黄妆缎坐褥一件，上设紫檀嵌三块玉如意一柄，香色填漆有盖痰盆一件，棕竹边股黑面扇一柄。随地平前夹踏跺安红漆高足香几二对，上设康熙嵌铜掐丝珐琅辅耳象足鼎四件。宝座上面并明柱上挂御笔字锦边黄绢心匾对一分。两梢间安红心白毡垫二十六块。楠木书格八座，内设：《钦定古今图书集成》一部三十二典五百七十六套五千二十本。格顶上设：《文苑英华》十六套、《切问斋集》全函一套、《思绮堂四六文集》全函一套、《唐书》全函一套、《海峰文集》全函一套、《仪礼郑注》一套、《法传全录》二套、《纪事本末》二套、《冯宗伯集》三套、《庾子山集》二套。左格前设：凉车一辆。右格前设：炮车一辆。外檐前后门上挂：毡竹帘各五架。殿前两边安：乾隆年制有盖三足铜鼎炉四件。

以上例子便可见清漪园时期园内殿堂陈设之丰富，在布置上的儒雅精致，宫廷特点突出，同时也符合殿宇所具备的使用需要。清漪园的管理机构内务府对陈设每五年重新彻查造册一次，对比不同时期的陈设册可以看出，陈设后期失修、虫蛀的现象渐趋普遍，从中已可窥见大清王朝的暮气氤氲。

道光二十年（1840 年）鸦片战争后，由于清朝国力转衰，道光帝以节俭著称，清漪园"陈设"不断裁撤。至咸丰五年（1855 年）记录实有陈设三万七千余件。咸丰十年（1860 年），清漪园遭英法联军劫掠焚毁，陈设大部分被抢遗失。内务府对劫后殿堂进行清查，整个清漪园只立两本清册，即《清漪园山前山后南湖河道功德寺等处陈设清册》和《清漪园山前山后南湖功德寺等处破坏不全陈设清册》。以乐寿堂为例，与咸丰九年（1859 年）《乐寿堂陈设清册》相比，原有的几千件陈设，只剩下一个铜炉和一个残破的盘子。同治四年（1865 年），又查劫后尚存陈设 4735 件，其中铜胎、画像等佛像 4453 件，还有其他遭破坏不齐的陈设 530 件。光绪初年，在清漪园易名之前，查得园内陈设有 4618 件，其中包括铜器、玉器、竹木雕、漆器等。

2. 颐和园时期

光绪十二年（1886 年），清廷开始重建清漪园，两年后清漪园更名颐和园。虽然当时清王朝国势衰败，但颐和园作为慈禧太后"颐养冲和"的重要居所，生活用品、日常陈设之物不免还要有所补充，除少部分由造办处制作，其他多为东挪西凑、各处采办，充颐和园陈设使用。此后，经过其他宫苑调拨、万寿庆典制作、庆寿献礼等多种方式将各式陈设汇集到颐和园，加之清漪园的遗存，颐和园的陈设又丰富起来。颐和园陈设来源具体情况如下：

（1）宫苑调拨

颐和园时期由于园林的性质从乾隆时期的仅供游娱变为慈禧的长期居住并理政，园内陈设随着建筑形式及功能的转变，减少了佛像，而增加了大量生活用品，特别是晚清的工艺品。由于重建资金紧张，不能像清漪园时期那样量体裁衣，按所需置办陈设，而是在沿用清漪园旧物的基础上，运用各种途径调集陈设，补充陈设的不足。据清宫档案中记载：

光绪十四年（1888 年）正月初五日李总管传懿旨：所有南海各殿内原有铺设旧铺垫，均改移洋楼内收存妥协，并造具清册，以备昆明湖应用。八月十一日懿旨：将五百六十件圆明园木器交由海军衙门照旧式修补见新，修理齐整后分别摆放于颐和园各殿内。

光绪十七年（1891年）正月二十二日奉懿旨：将倚虹堂殿内西间金漆边座紫石天然插屏一对运至颐和园乐寿堂安设。二月二十四日刘总管传旨：倚虹堂殿内青碌兽面果洗一件，送至颐和园乐寿堂安设。

从其他皇家宫苑调配符合颐和园皇家园林身份和特点的陈设器物，有助于当时迅速还原颐和园原本的皇家宫廷陈设标准。

（2）万寿庆典制作

光绪二十年（1894年），是慈禧的六十大寿，准备在颐和园举办庆典，从光绪十九年（1893年）三月开始造办陈设，由总管内务府大臣恭备庆典用。德和园布置所需台帘、门帐、寿山、木器、桌椅板凳套；仁寿殿、排云殿乐器、补服衣、大鼓等，均由内务府大臣交给工程处办理。除上述物品外，还有各种图案各式釉彩的瓷餐具、苏州织造的漆食盒、茶膳房特为宴会置办的各种桌张、锅灶、炊具、金银器皿等。

（3）慈禧寿礼

慈禧六十岁、六十三岁、六十五岁万寿庆典，收受了王公大臣们贡献的大量祝寿礼品，它们被陈放在颐和园各座殿堂内，成为重建颐和园后的主要陈设物品。在中国第一历史档案馆藏"慈禧万寿档案"中的《六旬庆典进贡盆景各种钟账》《六旬庆典进贡宝座、围屏、插屏》《六十晋五庆典贡品清单》中对慈禧过生日收存在颐和园的珍宝均有记录。光绪二十八年（1902年）重修颐和园完工后，慈禧重新布置了园中陈设，王公大臣利用慈禧的寿辰争相报效物品，多为古铜、瓷、玉等珍品，太监多贡钟表，出使外国大臣则献西洋制钟表、千里眼等。光绪三十年（1904年）是慈禧七旬寿庆，王公大臣所进贡礼品多达几万件，慈禧拣合意之物留陈颐和园中的有886件。光绪三十一年（1905年）慈禧七十一岁寿庆，王公大臣进献诸多贡品。此时期文物陈设的来源广、种类丰、数量多、质量精，比清漪园时期的陈设亦不逊色。

3. 民国时期

1912年，清宣统帝宣布退位，颐和园仍然作为清皇室的私产。1916年，清室内务府对颐和园陈设进行过一次清点，除原有在册的陈设外，新立了《颐和园现存新瓷玻璃器灯只清册》，内载陈设物品1387件。同时对清册列出名单但查无实物的文物，设立《颐和园浮存陈设清册》，内载仁寿殿、颐乐殿、乐农轩、涵远堂、乐寿堂、排云殿、石丈亭、听鹂馆浮存各式陈设（不包括家具）共计466件。1921年11月29日，溥仪命内务府大臣绍英查核颐和园陈设。此为清室最后一次陈设清查。此时期，颐和园作为逊清皇室的私产，文物陈设仅维持原状，未有置办陈设的记载。

1928年7月1日，民国政府内政部接收颐和园。此次接收，对封存在各殿堂的珍贵文物未有点收，仅接收了各殿宇的钥匙。当年由于政局迭变，自 1928 年 7 月至 1931 年 11 月更换九任所长，而园内陈设物品除 1930 年选提陈列者有明晰清册外，并未对所有陈设物品作过全面清查，在频繁的交接中，更无法全面清点。因此所长陈继青采取的由原保管人员出具甘结仍由原人保管的办法，后来历任所长交接时，一直沿用，始终未有包括全部陈设之清册。1933 年中国因"九一八"事变进入军事时期，经北平市政府批准，颐和园将陈设装箱 40 只南运。此后，1936 年、1942 年、1946 年、1947 年、1948 年历任所长交接时，均循例选具《颐和园图书古玩清册》存查。

4. 新中国成立以后

新中国成立后，颐和园的文物藏品管理愈加规范和受到重视。分别于 1950 年、1970 年、1973～1974 年进行了文物的清点鉴定工作，20 世纪 70 年代的清查鉴定是入民国以来最全面的一次，共清点鉴定各类文物 14169 件、硬木家具 357 件、图书 269 部，数量为 1930 年清查 1342 件、图书 243 部的 10 倍。1976 年、1980 年，王世襄、夏更起等专家又来园鉴定了硬木家具、珐琅、杂项等器。

二、颐和园文物藏品之类别

从 2014 年至 2016 年，按照国务院开展第一次全国可移动文物普查工作通知的要求，颐和园利用三年时间对全园可移动文物进行了彻底清点、核查、定级、建档，以逐步实现规范化、制度化、科学化的分类管理保藏机制。经查颐和园目前正式藏品数量 37952 件。其中，正式藏品中，玉器 619 件、杂项 748 件、珐琅器 168 件、钟表 111 件、洋瓷玻璃器 667 件、金银器 297 件、青铜器 726 件、内檐匾额 144 件、隔扇心 259 件、春条 54 件、福寿方 22 件、琴条 37 件、书画（包含舆图）504 件、丝织品 1067 件、贴落 646 件、古籍 21338 件、瓷器 9100 件、家具 1445 件。2016 年，经过文物普查清点整理文物，对文物级别进行重新确定，级别情况如下：一级文物共计 125 件（包括家具 32 件）；二级文物 573 件／套，共计 1334 件（包括 20 套书，781 册）；三级文物 9204 件／套，共计 25037 件（包括 27 套书，15860 册）；四级古籍 218 套（4675 册）；一般文物 6773 件／套，共计 6781 件（包括 14 套书，22 册）。

颐和园园藏玉器共 1600 多件，以乾隆时期玉器为代表，取材多为纯洁莹润的白玉、青玉等，在历代玉器中是无与伦比的；在工艺上，乾隆时期玉器集古技之大成，典型的如玉山子、玉插屏、玉笔筒等作品上绘刻的山水、人物图景，宛如立体的图画，为后世所难以企及。乾隆对玉的嗜好体现在其大量的"咏玉诗"上，每当观赏到一件玉器佳作，兴之所至便会赋诗一首，甚至镌刻在器物上。颐和园藏"碧玉填金刻御制诗插屏"就是乾隆时期的一件精美作品，用罕见的大块碧玉制作，其材质和雕工均为上乘，一面琢刻隶书乾隆御制诗"东郭还西墅，山家接水邨，春朝庆老幼，丰岁足鸡豚"（部分）；另一面阴刻雕琢出房屋村舍、人物等田野农庄图案与御制诗相应。诗文字口和图案线条之内填涂金粉，使诗文、图案更为清晰鲜明，跃然而出，作品反映乾隆朝治世之下国泰民安、连年丰收之象。

颐和园杂项文物包括字画、织绣、珐琅、翡翠、金银器、竹木牙角器、钟表、铺垫和玻璃器皿等。其中，清乾隆年制长达 7.07、宽 4.14 米的缂丝三世佛像、铜珐琅提梁卣、红珊瑚如意、蓝底百子图缂丝石榴式插屏、铜画珐琅六角座钟、风雨晴阴铜柱珐琅双连二方钟等，皆为乾隆文物的精品。其中的缂丝佛像尺幅巨大，极为罕见，图案"通经断纬"织制而成，工时耗费可见一斑；缂丝画面四周饰回纹边，图案上部饰华盖、祥云、飞天、日月；中间饰三尊佛像、阿难、迦叶；下部左右分饰十八罗汉、四大天王及祥云。这幅缂丝制品曾在仁寿殿展出，纵使殿内山墙高大，也未能全部展开。

颐和园收藏的青铜器为清宫旧藏，旧时曾为园内殿堂、露天陈设之器，其中不乏精品，如商代饕餮纹三牺尊，经查《西清续鉴》甲编卷五之尊三十六著录有"周饕餮尊"，与此器相同（由于清代学者对青铜器的研究与现在认识不同，故时定为周代），后参照其二者的图谱和尺寸均吻合无误，可以证明颐和园藏的此件青铜器为《西清古鉴》著录之器，是宫廷旧藏的精品，至少乾隆年间便珍藏于皇家宫苑之中。另据档案资料记录，颐和园藏的这尊饕餮纹三牺尊在庆典之时曾常陈设于排云殿内露陈石座之上。

颐和园园藏古籍达两万余册，其中鉴定入国家二级文物保护级别的有 16800 余册。其中清乾隆时期的古籍占有一定比重，包括乾隆殿版《皇清开国方略》、乾隆殿版《西清古鉴》、乾隆殿版《皇朝礼器图式》、乾隆《御制石经》《御制论史古文》等。值得一提的是，颐和园还藏有《大清高宗纯皇帝圣训》。此套圣训是乾隆皇帝诏令谕旨及其箴言的语录，是研究乾隆一朝政治、经济、文化、典章制度等的史料。圣训函套以黄绫装裱，题签及目次贴黄锦并加以墨书，全书自圣德始，记录了乾隆皇帝六十余年政治生活的方方面面，敬天法祖，笃孝崇仁，河工盐政，农桑吏治，文治武功，拓土开疆等等不一而足，详细反映了乾隆时期皇帝本人治国思想及事功。

颐和园藏瓷器总数达 9000 多件，经鉴定入国家文物保护一、二、三级的有近 7000 件。颐和园藏瓷器时间跨度从元代到清代，品类有青花、粉彩、斗彩、五彩、素三彩、颜色釉等，造型有瓶、尊、罐、缸、花盆、盘、碗等。数量上以清代瓷器为最多，器物烧造精致，由清朝内务府造办处在全国挑选最好的工匠，根据皇家生活所需制造。其中尤以乾隆时代的瓷器烧造最为精彩。元明瓷器中也不乏精品，其中有闻名中外的元代蓝釉白龙纹梅瓶，传世仅存 3 件；明代的永乐青花瓷及甜白釉瓷器也多造型精美，独具特色。

颐和园藏佛像、神像为传世文物的一部分，清漪园时期园内多佛寺，因此佛像多是当时园林陈设的一大特点。从乾隆十五年（1750年）建园起，到被毁前（咸丰十年，1860年）园内佛像曾近15000尊，主要集中在万寿山前及后山寺庙建筑群中。园中智慧海内遗存铜胎观世音菩萨一尊、铜胎文殊菩萨一尊、铜胎普贤菩萨一尊、铜胎韦驮一尊、天王一尊。云会寺香海真源内遗存铜胎毗卢佛一尊、铜胎从神二尊。这些佛像虽依附于建筑而存在，但其具有的工艺特点和宗教文化成为后世从宗教角度解读清漪园文化的有力物证。

颐和园是明清家具收藏的重镇，所藏家具数量大、制作精、种类丰富。颐和园现藏的数千件明清家具中，绝大部分为宫廷御用家具和陈设家具。由于是为宫廷制作，在材质、工艺上皆代表了所处时代家具制作的最高水平，是明清皇家宫廷家具的典型代表。颐和园藏家具种类丰富，包括了椅凳墩等坐具、床榻等卧具、桌案几架等承具、座插围挂等各类屏具、柜格箱架等容具及其他各种类型；在材质上有黄花梨木、紫檀木、沉香木、乌木、鸡翅木、铁力木、花梨木、酸枝木等；工艺上有各式漆作、镶嵌；地域特征上有京作、苏作、广作等；时代风格上有明式、清式（包括西洋式、东洋式）等。这些家具林林总总、蔚为大观，构成了一座收藏宏富、体系完整的古代明清高端家具博物馆，在当今国际公私家具收藏界，都罕有其匹。

三、颐和园文物藏品之价值

颐和园珍藏的文物，是作为皇家园林在长期使用过程中根据建筑内外陈设及礼制、生活等需要自然聚集起来的传世精品，为中国皇家园林文化的重要遗存，是颐和园世界文化遗产价值的重要体现。作为中国宫廷文物的最后一次大规模集合，颐和园藏文物有其独具的价值。

1. 颐和园文物的艺术价值代表了清代尤其是晚清宫廷艺术的最高水平

颐和园藏文物形制、纹饰、材质等要素反映了其制作年代的社会审美风尚、工艺技术、文化潮流等。由于大部分制作于清代，颐和园文物最能反映清代尤其是清代宫廷的艺术水平，包括清代宫廷审美风尚的变迁情况。颐和园藏文物为我们研究古代特别是清代宫廷文物的结构、工艺、技巧提供了难得的实物资料。

2. 颐和园文物作为中国清朝国家盛衰曲折历史的见证，具有重要的历史价值

评价颐和园文物，历史价值也是一个重要的标准。颐和园文物的一个重要特点是经历了清代国家由盛转衰的几次重大事变和晚清的政治风云，咸丰十年（1860年）英法联军的劫掠，光绪十二年（1886年）颐和园的重建、慈禧太后的几度庆寿，光绪二十四年（1898年）的戊戌

变法运动，光绪二十六年（1900 年）庚子事变，晚清"游园外交"，清末的"西洋风"等等，这些都或多或少地在颐和园的文物上留下了时代的印记。有些晚清时期的颐和园文物，是反映那个时期某个重要事件或重要历史人物活动的重要见证。

3. 颐和园文物始终未脱离开其制造和产生的原初环境和使用功能，这一和历史场所相结合的特点，使得颐和园文物在整体上蕴含着极其丰富的文化和艺术密码

从乾隆时代开始，颐和园陈设就有专门为园内的某一建筑量身定造的，虽然晚清时期定做的情况由于国力的原因相对减少，文物的调拨、进献和采办渐多，但在总体上，晚清时期颐和园陈设的制作和选用也像前期一样，充分考虑所使用建筑的等级、体量、功能等要求，这一特点使得颐和园的陈设与陈设之间，陈设与所在建筑及其使用功能之间具有一种与生俱来的密切关系，使得陈设、建筑及其历史功能共同组成一个内涵十分完整丰富的文化场域，进而在当今引发诸多值得研究的课题，如陈设体量和建筑空间的关系，陈设布置和建筑功能的关系，陈设与建筑形式的关系，陈设类别和品质与使用者地位的关系，陈设与陈设之间的关系等等。这种完整性和系统性特点，使得颐和园文物在整体上具有一般公私博物馆文物收藏不可比拟的学术研究价值，对中国园林史、文化史、宫廷史、近现代史、工艺美术史等领域都不乏参考意义，是一座弥足珍贵的历史文化宝库。

今年，是颐和园列入联合国教科文组织世界文化遗产名录二十周年，为了进一步挖掘颐和园历史文化宝库，弘扬颐和园文化遗产价值，推进学术文化研究，惠泽学林与公众，颐和园计划出版《颐和园藏文物大系》丛书，并得到了文物出版社的高度重视与大力支持。这是颐和园藏文物资源的第一次系统整理出版，将全面公开颐和园藏文物的种类、数量、器形、纹饰及历史、艺术价值等较为全面的科学信息，可填补文物界颐和园藏文物缺位的空白，为文博、考古、历史、美术及其他相关领域的研究者提供可参考的重要资料和信息，为文物鉴定提供标准器和鉴定依据，对文物收藏者和历史文化研究者也具有较为重要的参考价值。我们期待这套丛书的出版能够进一步提高社会各界对颐和园重要价值的认知，进而提高专业人士及颐和园爱好者对颐和园历史文化的研究水平。

限于时间仓促和研究水平，错舛之处在所不免，也请方家不吝指正！

2018 年 4 月
于颐和园外务部公所

舶来珍奇

—— 颐和园藏外国文物述略

王晓笛

在颐和园收藏的四万余件文物中，包涵了相当数量的外国文物。颐和园藏外国文物的时间集中在 18 世纪至 20 世纪初，通过中外交流时外国使臣馈赠、王公大臣进献万寿贺礼、宫廷采购和文物调拨等方式进入颐和园内，成为颐和园外国文物收藏的组成部分。本文把颐和园藏外国文物的基本概况作为出发点，对外国文物的分类及特点、收藏来源与途径、收藏价值三个方面进行分析，从而全面深入解析颐和园藏外国文物的收藏情况，及其所蕴含的历史价值和收藏意义。

颐和园的前身是万世瞩目的清漪园，清漪园于清咸丰十年（1860 年）被英法联军焚毁，光绪十二年（1886 年）重建，更名为颐和园，它是清王朝修建的最后一座具有杰出园林成就和艺术价值的皇家园囿。颐和园是除紫禁城之外最为重要的政治、文化和外交中心，更是许多重大历史事件发生的舞台。晚清时期的颐和园在湖光山色的映衬下，金碧辉煌的宫殿建筑有序分布在如诗如画的自然美景中，园内精美陈设品众多，其中不乏奇珍异巧的外国文物收藏。作为东方最具影响力的皇家园林，发生在颐和园中的外交活动异常频繁，尤其在光绪二十八年（1902 年）至三十四年（1908 年）的六年间，慈禧太后每年都由光绪皇帝陪同，在颐和园仁寿殿、颐乐殿或乐寿堂内接见外国使臣及其眷属。在中国与外邦的交往过程中，外国使臣常借外交之机向慈禧太后进献各种洋式珍奇，同时清政府为适应符合外国人的生活习惯，在颐和园内特备洋式家具和西餐筵宴，并演奏西乐。随着西方文明和科技广泛进入宫廷，洋物之风成为宫廷时尚，王公大臣也搜寻各类洋物作为慈禧太后和光绪皇帝的万寿贺礼进献入宫廷内。

一、颐和园收藏外国文物的分类及特点

颐和园庋藏的外国文物种类囊括化妆用具、洋瓷、玻璃器、钟表、珐琅器、家具、乐器、车舆、轮船、电灯等，涵盖了宫廷生活的各个方面，产地包括英国、法国、日本、德国、奥地利、美国等国家，时代从 18 世纪至 20 世纪初期。这些外国文物，既是实用器，又是装饰品，既是

陈设器，又是艺术品，它们是帝后陈设于奢华宫殿中的赏玩之物，背后蕴藏着历史发展的巨变和科学技术的革新，充分体现了当时东西洋科技及工艺的先进成果，反映了清朝后期典型的宫廷审美与时代风尚。

（一）分类

颐和园藏外国文物可分为如下 8 类。

1. 化妆用品类

自光绪二十八年（1902 年）起，慈禧太后和光绪皇帝在颐和园内举行正式的觐见仪式，外国使臣携带夫人、女眷及翻译呈递国书或宣读颂词，在觐见答敕后，慈禧太后经常赏赐食物、果食，并赐宴饮和游湖。各国使臣夫人、女眷以及有外国游历经验的女官开始频繁进入颐和园内，她们向慈禧太后介绍各国风土人情、社会潮流和文化时尚。一时之间，各式香水瓶、香粉盒、银柄手镜、手刷等外国化妆用具风靡清宫内，深受后妃的青睐。

2. 玻璃类

玻璃在历史上曾是最华美和最昂贵的材料之一，是欧洲地区十分受欢迎的贸易品。早在康熙年间，欧洲先进的玻璃制造工艺就引起了皇家内廷的关注，康熙皇帝在养心殿造办处建立玻璃厂，雍乾时期的玻璃器因其形制华丽，纹饰精美，更将玻璃器发展至鼎盛时代。由外国进贡而来的洋玻璃器，其质地纯厚莹净如水晶，满足了皇家宫廷生活的需求及帝后审美的喜好。颐和园现存外国玻璃器可分为艺术品和实用品两大类，主要包括各式花插、花篮、瓶、盂、洗、果盘等，造型别致，色彩绚烂，莹润剔透，外国纹饰和西洋风格突出，是中外文化交流的重要见证。

3. 洋瓷类

在 19 世纪以来的外国艺术和工业发展影响下，外国瓷器开始独具风貌，对称的造型式样、浮雕的装饰纹样、繁缛的华丽图案，以及西洋古典题材的广泛运用，外国瓷器在工艺和造型上获得长足发展。作为中外往来的馈赠，外国瓷器通过外交途径进入宫廷，成为清宫的重要收藏之一。此外，在慈禧太后和光绪皇帝的万寿庆典中，各王公大臣都恭备贺礼进献，其中不乏各类外国瓷器，样式新颖，琳琅满目。颐和园现藏外国瓷器种类丰富、纹饰多样、造型别致，包括各式茶壶、杯、罐、瓶、壶、盆、盘、盖盒、彩蛋、皂盒、花插等，涉及日本、法国、德国、奥地利等多个国家。这些器物饱含浓郁的外国造型和艺术风格，釉色明艳，风格富丽，纹饰生动，部分器物采用浮雕的装饰手法，代表了当时外国瓷器的较高水平。

4. 家具类

为满足外国人的起居生活习惯，外务部按照慈禧太后的懿旨，在颐和园内置办洋式家具陈设。同时，为迎合慈禧太后对外国事物的猎奇心理，各王公大臣也将外国家具作为寿礼，进献给宫廷内。颐和园现藏外国家具陈设包括方几、花几、扶手椅、棋桌、烛台和挂屏等，立体感和装饰性突出，是晚清皇家园林殿堂陈设的重要摆件。

5. 珐琅类

七宝烧是日本对金属珐琅器的称谓，其以金属为胎体，外饰以石英为主体的原料及各种色料，烧制工艺源于中国的景泰蓝，有"日本景泰蓝"之称。七宝烧在晚清时期一直是日本在国际外交事务中的重要礼品。现收藏于颐和园内的七宝烧，器形规整、胎骨轻薄、釉质细腻、釉色鲜亮，多为日本赠予清皇室的礼品，是日本珐琅器的典型代表。

6. 钟表类

晚清时期的钟表是清宫的重要收藏之一，是西方先进科技的代表。宫廷收藏钟表最早可追溯到明朝万历皇帝时期，意大利传教士利玛窦来到中国，为皇帝进献了两座自鸣钟。清中期以来历代帝王都对西方钟表有着浓厚的兴趣，在宫廷中收集了造型各异的西洋钟表。颐和园现藏钟表主要来自英、法、美、德等国家，种类繁多、造型丰富、机械装置精巧，以铜镀金和木质为主，多镶嵌宝石与珐琅。制造年代大多为 18 世纪至 20 世纪初，以英法两国数量最多，大部分钟表上都标注有明确的产地、时代和厂商等信息。西洋钟表是中西文化交流中不可或缺的媒介与桥梁，充分体现了当时先进的科技和工业成果。

7. 洋式乐器类

颐和园现藏外国乐器主要为钢琴、八音盒和纸质乐谱等，它们以机械发条为动力，依照乐谱演奏各种美妙的乐曲，是帝后闲暇生活、文娱雅趣的主要活动之一。据光绪二十九年（1903 年）外务部档案载，总税务司赫德致外务部右丞陈名侃等信函中，邀请洋乐师携带乐器进入颐和园演出。清驻法国大使裕庚的女儿德龄在颐和园内生活的两年中，曾为慈禧太后和光绪皇帝弹奏各类外国钢琴曲目。

8. 交通与电器类

颐和园现存晚清时期的洋式交通工具和灯具，主要用于满足帝后出行及园居生活照明等方面。交通工具包括人力车、汽车和轮船（永和轮），制作精良、富丽华贵，涵盖了陆路、水路两条出行路线。灯具则主要为各类洋式电灯，造型各异、装饰华美。这些车船灯具从另一侧面反映出晚清时期帝后对近现代工业文明的崇尚与喜爱。

（二）特点

颐和园收藏的外国文物呈现出以下两方面特点。

1. 年代跨度集中，种类庞杂

颐和园自乾隆十五年（1750 年）至宣统三年（1911 年）为止的近两百年内，虽历经波澜动荡，但园内积存了大量珍贵历史文物。由于晚清时期特殊的历史背景、民国时期的文物南迁和新中国成立后的北返工作的开展，经过文物调配整合后，颐和园收藏的外国文物年代集中在18世纪至20世纪初期，种类繁多，基本涵盖宫廷生活、交通出行、娱乐活动等各个方面，是研究中国近代外交史的重要实物资料。

2. 具有选择性与倾向性

颐和园收藏的外国文物具有一定的选择性与倾向性。对于外国文物来说，能够引入中国，并在中国本土上发展衍生，被统治阶层和中国社会所接受，在很大程度上是对中国本土事物的挑战与适应，只有适应和融入中国社会的事物，才能被留存和接纳。通过颐和园收藏的外国文物来看，第一类是特殊新奇的外国文物容易被宫廷接纳，如汽车、人力车、轮船、电灯等，第二类是宫廷倾向于留存具有较高实用性和艺术性的外国文物，如洋瓷、洋玻璃、洋珐琅、洋式钟表、洋式家具等，第三类则由统治者个人因素所主导的收藏，如香水、手镜、手梳、钢琴、八音盒等。这也是直接导致颐和园外国文物出现各门类收藏数量不均衡的根本原因。

二、颐和园藏外国文物的来源

颐和园收藏的外国文物主要来源与途径，可划分为中外交往过程中外国使臣的礼品馈赠、各王公大臣在万寿庆典中进献的贺礼、皇家宫廷的采买和引进以及民国以来的文物调配四个主要部分。

1. 外国使臣的礼品馈赠

晚清以来中外交往频繁，外国使臣进入颐和园觐见慈禧太后和光绪皇帝时，往往会将带有本国特色和风俗的礼物赠予清皇室，这批礼品就成为颐和园外国文物收藏的重要组成部分。

各国为促进与清政府之间的良好关系，攫取在华利益和权力，不断派遣使臣进入宫廷，向清政府示好。例如光绪十五年（1889年）正月二十一日德国使臣巴兰德面递国书中，内称特造官窑瓷瓶恭贺光绪皇帝大婚庆典，赠送礼物包括"瓷瓶为二尊，一绘博德斯达慕宫图，一绘吉勒海口图"[1]。光绪二十九年（1903年）五月十三日德国驻华公使穆默致信给总理外务部事务大臣奕劻，"贵国皇太后礼物应如何先期运送颐和园一节，昨日翻译程遵尧来署，提及本大臣应请贵王大臣设法于本月十四日将瓷瓶二具先送至仁寿殿敬谨安设，以免临时仓猝而昭慎重，本大臣特派本署副翻译万禄德随同赍送此瓶前往"[2]。光绪三十二年（1906年）八月二十六日慈禧太后在光绪皇帝的陪同下，在颐和园仁寿殿面见日本国王爵博恭，其称"本爵此次钦奉我国大皇帝陛下、皇后陛下之特旨来至贵国面请圣安敬问皇太后好，并代达我国大皇帝陛下、皇后陛下厪念，贵皇室繁荣隆盛之意且甚望两国交谊将来更加亲密，并恭送菲礼数件略备恭敬诚

1

中国第一历史档案馆编：《光绪朝硃批奏折》第一一二辑，中华书局，1996年，第151页。

2

中国第一历史档案馆、北京市颐和园管理处编：《清宫颐和园档案·政务礼仪卷（四）》，中华书局，第1858～1860页。

意友爱情谊"，此次觐见日本国皇帝、皇后送给慈禧太后及光绪皇帝的礼物包括"莳绘手箱成件、银制花瓶一对、菊章花样棹被成件、金制金刚石嵌捲烟盒成件，金制时表并金链成件，银制凤凰雕花盆成件"。[3] 日本王爵博恭本人向光绪皇帝呈进礼物为"银制茶器成件"，与博恭一同觐见的日本使臣林权助、伯爵大谷光瑞和男爵后藤新平分别向慈禧太后、光绪皇帝和皇后进献了"画二轴、绣屏二架、金莳绘香炉架一件、精嵌背晶银象一座、金莳绘银环手箱一件"。为表示感谢，慈禧太后特赠予博恭"照像一份、御笔画一幅、瓷瓶一对"，光绪皇帝送给他"御笔字一幅、景泰蓝瓶一对"以答厚意[4]。

不仅各国使臣大量馈赠皇室礼物，各国在华贸易机构也通过外务部向宫廷进献各式洋物，借机增进在华的商贸往来与机遇。光绪三十二年（1907年）四月初五日美商胜家公司通过外务部向宫廷进献了"金饰足蹬缝衣机器一架、应用各等零物一盒（计二十八件），金饰油壶一个、缎绣贺表一道"，并另外准备了其他常用配件，包括"常用油壶一个、常用铖二打、绣花小机器一个、机器油二瓶"[5]。

以上各档案表明，外国使臣、驻华商业的礼品馈赠是颐和园外国文物收藏的最主要来源途径。通过外交往来的手段，不仅为封锁已久的清宫皇室带来了异域奇珍，这些洋物更引起了清皇室和统治阶层的广泛关注和浓厚兴趣，逐渐发展成为晚清宫廷的潮流趋势。

2. 王公大臣的万寿贺礼

为迎合慈禧太后的审美喜好，各王公大臣利用慈禧太后的寿辰争相进献各类珍奇物品。这些物品包括洋瓷、洋玻璃、洋珐琅、洋钟表等器物，其中不乏外国制造的洋式乐器、先进交通工具等等。例如颐和园所藏汽车，据说是清光绪时期袁世凯进献给慈禧太后的礼物，这也是外国进入中国宫廷内的第一辆汽车，车蹬上还保留有"DURYEA"字样，应为美国图利亚厂商制造。园内所藏人力车，车身上标有"森大制造"的字样，应是日本洋行制造。

晚清时期慈禧太后在颐和园排云殿先后多次举办了规模盛大的万寿庆典，光绪皇帝则在颐和园举行了三次万寿朝贺。根据光绪二十九年（1903年）《大公报》上载："十一月二十二日，内务府六堂及内总管银库等四十余处呈进万寿礼物共百二十品，于初一日一钟许抬至颐和园，皇太后赏收。"[6] 在万寿庆典期间，前来颐和园送礼的各王公大臣、各级官员、太监、匠役络绎不绝、盛况空前。根据慈禧万寿档案中的各类贡品清单，其中留存在颐和园的外国物品如下表（表1~3）[7]。

这些在万寿庆典中进献而来的贡品都留存在颐和园内，成为颐和园外国文物的主要来源之一。

3. 皇家宫廷的采买与引进

随着各国使臣在颐和园中的觐见和游园活动的频繁，在光绪二十八年（1902年）十月二十日和光绪二十九年（1903年）四月十四日，外务部按照慈禧太后的懿旨，送到图书集成五部、

3
中国第一历史档案馆编：《光绪朝朱批奏折》第一一二辑，中华书局，1996年，第428~431页。

4
中国第一历史档案馆编：《光绪朝朱批奏折》第一一二辑，中华书局，1996年，第431~440页。

5
中国第一历史档案馆编：《光绪朝朱批奏折》第一一二辑，中华书局，1996年，第137页。

6
北京市地方志编纂委员会编著：《北京志·世界文化遗产卷·颐和园志》，北京出版社，2004年，第282页。

7
颐和园管理处编：《颐和园志》，中国林业出版社，2005年，第202~206页。

表 1　光绪二十五年（1899 年）慈禧太后 65 岁万寿庆典贡品外国文物清单

进贡人名	进贡物品
海军衙门	洋钟 1 对
多罗特色楞	洋铜人表 1 座
写字人等	洋铜楼小钟 1 对、洋铁楼小钟 1 对
荣寿固伦公主	洋铁珐琅小钟 1 对
祥霖	圆玻璃罩洋铜海马座钟 1 对
谭鑫培、田际云	洋铁小钟 2 架
松森等	铜洋楼式座表 1 件
茶房苏拉	洋人表 1 对
联凯	洋人铁座表 1 对、洋铁小座钟 1 对、木楼洋铁表 1 对
宁寿宫苏拉	洋铁小钟 1 架
小太监等	洋铁马蹄表 6 件
松椿	洋铜问钟 9 件
顺承郡王	洋铜八足双耳仰面表 1 件
印启、崇勋	圆玻璃人拉风箱表 1 架、洋铁小架表 1 件
岳梁等匠役	洋铁圆楼座表 1 件、洋铁表盘 1 对
銮仪卫官员等	洋铁表盘 1 件、洋铁圆楼座表 1 件、洋人自行车八音盒 1 件
苏拉等	洋铁表盘 1 对
苏拉常山等	木楼小洋钟 1 架
总管莲英	铜镀金珐琅六方亭式洋座钟 1 对
长泰家内	大八音盒 1 件

表 2　光绪三十年（1904 年）慈禧太后七旬万寿庆典贡品外国文物清单

进贡人名	进贡物品
庆亲王	米地洋瓷瓶 1 对
吴永	十二火洋玻璃挂灯 1 对、洋瓷双耳洗子 1 件、洋瓷双耳瓶 1 对
周浩	洋漆边柜嵌东洋瓷花卉挂屏 1 对、铜楼珐琅塔式洋钟 1 对
程文炳	木楼洋钟 1 对
总管李莲英	铜珐琅围屏式洋钟 1 对
汪大燮等	洋瓷藤萝大瓶 1 对、洋玻璃支镜 1 对
赵国贤	洋珐琅大瓶 1 对

表 3　光绪三十一年（1905 年）光绪帝万寿庆典贡品外国文物清单

进贡人名	进贡物品
美国使臣康格之妻	剪花栽绒画 1 轴
麟光	洋瓷站人花插 2 对
周馥	轮船式洋钟 1 对、洋铜龙凤炉 1 件
奎顺	铜珐琅六柱洋钟
载振	洋瓷九花耳花插 2 件、洋瓷梅花耳站洋人花插 2 件、洋瓷鸟形花插 1 对、洋瓷鸟小罐 1 对、洋瓷代洋人支镜 1 架、洋瓷海棠式代洋楼洗子 1 对、洋瓷铁架站人洗子 2 件、洋瓷红花描金双耳小花插 2 件、洋瓷双耳瓶 2 件
端方	铜珐琅围屏式洋钟 1 对、洋珐琅花卉大瓶 1 对、铜千里眼 1 件（随代架子）
恩寿	洋瓷鹭鸶瓶 1 对、洋式小鱼桌 1 件
郭殿邦	铜镀金洋人座钟 1 对
认宽	霁红洋瓷瓶 1 件
黄浩	硬木嵌螺钿洋式椅 2 对
总管莲英	铜珐琅玲珑透体洋钟 1 对、瑛石座瑛厢洋铜瓶 1 对、铜珐琅玲珑透体洋钟 1 件
陈名侃	洋瓷花卉三足洋人花插 1 对
张勋	洋镀金小座表 2 对
杨士骧	洋珐琅元小八音盒 1 对
唐绍仪	铜珐琅围屏式洋钟 1 对
总管莲英喜寿	铜镀金珐琅月宫式洋钟 1 对
总管首领回事小太监各首领等	铜镀金珐琅六柱洋钟 1 对
四事春喜	金花百地双耳洋瓷瓶 1 对

洋式方桌六张、洋椅七十张，安设于颐和园各殿宇内[8]。外务部成为沟通皇家宫廷与外国文化、科技之间的重要媒介，外务部成立于光绪二十七年（1901 年），是清政府专门管理外交事务的机构，在中国外交现代化进程中发挥了极其重要的作用，各国驻华使臣要通过外务部的传达和申请，才能向清政府提出各项外交、觐见、游览等事务。光绪二十九年（1903 年）时，美国驻华公使康格致信给总理外务部事务大臣奕劻，康格夫人聘请在中国旅游的美国女画家卡尔来园为慈禧太后画像，并于当年五月十五日巳刻赴颐和园觐见，画室就设在德和园庆善堂内的

8
颐和园管理处编：《颐和园志》，中国林业出版社，2005 年，第 199 页。

东二间。因为油画创作需要真人比对，慈禧太后又不能久坐，就由在园内侍奉的德龄、容龄两姐妹的哥哥勋龄来园为慈禧太后照相。根据《宫中档簿·圣容帐》中记述，光绪二十九年至光绪三十二年（1903~1906年），慈禧太后的相片有31种大小共计786张[9]，不单在卡尔创作油画像时使用，圣容像可分为单人像、化妆像、生活像以及外事像，一般或在乐寿堂殿内外，或颐和园内各处随驾拍摄，更或者是在颐和园内与驻华使臣女眷的合照。

除对西方油画和摄影技术的喜爱以外，慈禧太后对外国音乐也充满浓厚的兴趣。清朝廷驻法国大使裕庚的女儿德龄，就曾多次在颐和园中为慈禧太后和光绪皇帝演奏钢琴曲目，并与妹妹容龄一同为慈禧太后跳华尔兹舞曲。外国乐曲和洋乐演奏在晚清宫廷曾盛行一时，光绪二十九年（1903年）八月初六日总税务司赫德致信外务部右丞陈名侃，称"昨来寓传令乐生于本月初七赴颐和园十一日回京，当即转饬乐师恩格诺（葡萄牙人），敬谨预备至日两点钟可由京起身，希届期派委马差来寓导引为荷，惟此次为日迫促不及缮备各项清单详嘱，一切只得饬知该乐生等遵奉办理而已，在彼应如何举止并祈随时随事示知一切"[10]。八月初十日总税务司赫德又致信外务部右丞陈名侃等的信函中，称"初九日钧函以洋乐生昨在颐和园应差诸臻妥洽，顷奉懿旨于十二、十三两日午前接演，仍令该乐生等先期到园在本部公所住宿听候传演，届期仍派马差前往导引函达查照等，因奉此查该乐生等已于昨日回京，惟乐器等件因无挑夫尚未携回，现奉前因当饬乐师恩格诺于十一日午后仍照初七日办法，雇觅车辆恭候导往，希饬马差于两点钟来寓"[11]。仅隔一日后，由葡萄牙乐师带领的洋乐队再次应旨进入颐和园进行演奏。光绪三十三年（1907年）五月，"照录总税务司赫德来函洋号乐工于五月初二日传进颐和园一事，业经奉饬敬谨预备一切，兹缮就教习乐生名单铜号胡琴乐谱是日演时按照排单，先铜号次胡琴，铜号演毕令至公所少憩，改换胡琴照单续演，此系依法预备较有次序，上意若欲更换，自可临时择演也。"进入颐和园演出的仍是乐工教习葡萄牙人恩格诺，带领铜号班乐生二十一名，其中演奏乐器包括"各难铜号、把里冻铜号、阿拉多铜号、云弗念铜号、都伦本铜号、各骆短笛、巴丝铜号、特拉木大鼓、特拉木小鼓"，演奏曲目为"侍卫兵丁步伐歌、呼嘶唠戏齣名歌、窟啦嘶跳舞之特倍歌、博洛喀跳舞之水莲歌、嚒啦嘣戏齣名歌、夕阳晚照燕居歌、去日已过来日方长歌（俄谱）、古跳舞歌（英谱）、窟啦嘶跳舞之英雄斗牛歌（吕宋谱）、嘎啰博跳舞之留心歌"共计十首曲目；胡琴班乐生十九名，演奏乐器包括"微有兰胡琴、微有拉胡琴、差拾胡琴、随胡琴之夫禄太长笛、随胡琴之嘎儿内太竖笛子、助音之铜号、助音之大鼓、助音之小鼓"，演奏曲目为"两步跳舞歌（美谱）、燕居沉思歌、窟啦嘶跳舞之浮水歌（巴西谱）、婴儿戏耍歌、博洛喀跳舞之留靴歌、安息稳睡歌、窟啦嘶跳舞之阳春歌、夕阳晚照斑鸠歌、四面跳舞之兰萨歌、嘉佛特跳舞之金盏菜歌"共计十首曲目[12]。虽然对于曲目和乐器的中文翻译较为生涩，但乐工们精通各国曲谱，能够演奏各类曲目，还能随时变换，应变自如，实属难得。慈禧太后

9
北京市地方志编纂委员会编著：《北京志·世界文化遗产卷·颐和园志》，北京出版社，2004年，第377页。

10
中国第一历史档案馆、北京市颐和园管理处编：《清宫颐和园档案·政务礼仪卷（四）》，中华书局，第1917~1919页。

11
中国第一历史档案馆、北京市颐和园管理处编：《清宫颐和园档案·政务礼仪卷（四）》，中华书局，第1939~1941页。

12
中国第一历史档案馆编：《光绪朝硃批奏折》第一一一辑，中华书局，1996年，第363~366页。

对外国音乐饶有兴趣，为招待外国使臣的宴游活动，大量引进外国乐曲，使得外国音乐、舞蹈这类舶来品一时之间成为晚清宫廷的潮流与时尚。

4. 民国以来的文物调配

颐和园收藏的外国文物大部分来自清宫旧藏，也有不少外国文物是通过文物南迁、北返、文物调拨的途径，或进入或调出颐和园。

为保护中华文明的璀璨珍宝，1922 年 3 月 21 日民国行政院密电北平市市长及故宫博物院院长，"本日本院第九二次会议议决，北平颐和园内尚存有西清古鉴铜器八百余件、宋元名磁、历代字画等，置之郊外，殊有未妥，应一并交由故宫博物院监运南来，妥为存放"[13]。颐和园在选取园藏文物、整理包装后，踏上了南迁之路，历经 18 年，辗转多地，最终于 1950 年北返回到颐和园，北返后颐和园的文物藏品发生了变化，从拥有完整清代宫廷生活陈设的藏品格局，转变为晚清相关的宫廷陈设、生活用品以及与慈禧太后相关的文物藏品体系。其中与外国文物相关的藏品在这次文物南迁、北返运动中，原有藏品体系也发生了巨大改变。

在文物调拨方面，1951 年 4 月 17 日，西郊公园由故宫博物院收回原寄存的 30 箱古物，经上级部门批准，全部移交颐和园陈列。经颐和园派保管股 2 名工作人员与西郊公园工作人员清点[14]，18 日颐和园接收北京市人民政府公逆产清管局调拨没收古玩等 30 箱[15]，20 日全部运送至颐和园，其中调入颐和园的外国文物包括洋瓷、钟表、银器、珐琅器、洋玻璃器、烛台、电灯、东洋瓷器、洋缎铺垫等。

三、颐和园外国文物的收藏价值

颐和园是晚清时期外国工艺和科技最为集中的皇家园林收藏地，颐和园的外国文物是当时宫廷内追求异国风尚的引领者。现有历史档案和外国文物资料的汇集与整理，是我们研究晚清中外关系的重要实物资料，也是中国融入世界格局的重要历史见证。

首先，颐和园外国文物是晚清宫廷与外国世界交往的见证。

自光绪十一年（1885 年）以后，中国的对外关系开始出现了一个新的时代，"西风东渐"愈演愈烈，颐和园所收藏的外国文物就是在这个对外往来过程中逐渐聚集形成的。这些外国文物是通过不同历史阶段、不同历史事件以及不同环境背景进入宫廷内的，大量的外国物品充斥在宫廷内，它们作为晚清历史与外国科技、艺术的见证者，不仅展现了当时外国文化与科技，是晚清宫廷生活风尚的真实记录和缩影，也是中国与外国交往的历史见证。

其次，颐和园收藏的外国文物代表了中国宫廷对外来文化、科技的吸收与接纳。

随着历史的发展和演变，清朝原本闭关保守的政策不再适于社会发展，外国科学技术、文

13
北京市地方志编纂委员会编著：《北京志·世界文化遗产卷·颐和园志》，北京出版社，2004 年，第 288 页。

14
北京动物园管理处编：《北京动物园志》，中国林业出版社，2002 年，第 371 页。

15
北京市地方志编纂委员会编著：《北京志·世界文化遗产卷·颐和园志》，北京出版社，2004 年，第 336 页。

化知识都以不同方式渗透入中国社会，流行于皇家宫廷中。以慈禧太后为代表的统治者则以自视的角度来接纳外国事物的进入，例如通过政治手段，慈禧太后经常召见外国使臣夫人进入颐和园，她们则为慈禧太后带来了法国、德国最为时尚的手镜、手刷、香水等女性物品，这完全符合慈禧太后作为女性的审美与认知，因此外国流行的化妆用品成为晚清宫廷，乃至中国社会的时代潮流。再如颐和园外国文物中的钟表，收藏数量众多，序列完整，常被作为陈列品摆放在殿堂内，钟表体现了西方先进的制表工艺和科学技术，深受清朝统治者的喜爱，是颐和园宫廷陈列中重要的陈设之一。

颐和园所藏的外国文物既是中外交流与往来的真实见证，又是中国融入和认识世界的必经阶段，更是在国事衰弱、内忧外患大背景下中国与外国交往的珍贵印记。

颐和园藏慈禧汽车考

周尚云

在众多的颐和园藏外国文物中，慈禧太后的汽车可能是知名度最高的。关于这辆汽车有着很多的传说和故事，版本不一，无从可考，但毫无疑问，它一百年前进入清宫，是中国引进最早的汽车之一，也是清宫传承至今仅存的一辆汽车，是清代晚期宫苑生活的一个重要历史见证（图1）。

一、汽车的基本情况

颐和园收藏的这辆汽车尚未脱离马车型痕迹，为六柱顶篷式四轮汽车。汽车长303.5、宽106.4、高224.9厘米，通体黑色，木质车身，前后两排座椅，前低后高，座椅蒙黑色皮面，车轮前小后大，车头左右各挂一黄铜色车灯，双层轮盘形方向盘，方向盘右下有一长一短两根立杆式档把，木质车轮辐条，胶皮轮胎，车左侧有三个脚蹬，车右前侧有一个脚蹬。该车座内汽车发动机和诸多部件已拆除，左侧两个脚蹬面上均錾有五角星图案，车右前侧脚蹬面有英文"DURYEA"标识，遗留的部件上没有任何厂商标识，据说后座下原来装有三汽缸四马力后置式汽油发动机，由旁边

图 1 | 颐和园藏慈禧汽车

的两档齿轮变速器，以链条传递给后轴产生驱动力[1]，最高时速可达十几公里，相传此车是袁世凯献给慈禧太后的寿礼。曾有老照片显示，该车民国期间在德和园扮戏楼内展出；据老职工陈文生回忆，解放后该车曾在园内水木自亲展出，1966 年撤回院落闲置，后年久失修破损严重，机械部件拆除（图 2）；1975 年至 1976 年，该车进行了修复，当时颐和园老文物工作者金恒贵先生说此车为 1897 年袁世凯送给慈禧太后的礼物；1994 年，该车赴日本大阪展出；此后，该车在德和园扮戏楼展出至 2011 年；2011 年至 2017 年，该车在颐和园文昌院聚珍馆展出；2017 年 11 月至 2018 年 3 月，该车赴美国宝尔博物馆展出；2018 年 3 月至今在颐和园仁寿殿内展出。

二、汽车在 20 世纪 70 年代的修复情况

目前，颐和园收藏的这辆汽车只剩汽车外形，内部的发动机等诸多零件都已拆除不见踪影，车体外形也有不少部位改动修复。据颐和园文物组老师傅陈文生回忆：1966 年，该汽车自颐和园水木自亲撤出，荒弃至排云殿西十三间院落近十年，许多汽车零件拆除散失；1975 年，陈文生提议将该汽车修复，用以供游人拍照，增收节支增加收入，得到颐和园领导批准。该车遂从颐和园西十三间院落用人力移至苇场门工地待修，由陈文生带领徒弟王玉林、姚天新开展汽车修复工作。陈文生将残留的汽车零件收集，车篷的六根支柱幸存，但已弯曲不堪，车厢配件、座板、车篷残件木块等零件大多还在，车左侧板缺失一块，后座厢、后座板缺失。陈文生带领徒弟，将残存零件一一测量比对，进行整形复位和补配工作，此次补配的木料与原车木料有所区别，采用了东北红松、水曲柳和胶合板，如：原车轮四个挡泥板为皮制，由于条件所限，只得用水曲柳和胶合板替代（图 3）。车体修复完成后，最大的难度是车上的部件缺失严重，为此陈文生和徒弟王玉林骑车遍寻北京各废品收购站，购买零配件，最终在德胜门废旧汽车配件收购站购得老汽车方向盘和其他配件（图 4）。关于汽车灯的仿制，陈文生师徒多次到汽车研究所查阅资料，煞费苦心地考虑如何仿制，在买胶水的不经意间，路过右安门外的一个合作社门市部，看到门市部里的马车灯，觉得可以买来改造。于是，陈文生师

1
翟小菊：《慈禧 "老爷车" 的御用汽车》，《景观》总第二十一期（2009/01）。

图 2 | 修复前状况

图 3　　　　　　　　　　　　　图 4　　　　　　　　　　　　　图 5

徒买来两个马车灯进行改造，
陈师傅先放纸样，再按纸样
将一段进口的白铅铁烟囱剪
成所需铁片，由徒弟王玉林
将铁片焊接在马车灯上，刷
上铜粉，将汽车灯仿制成功，
挂在汽车上正合适（图 5）。
汽车的四个车轮和后轴生锈，
不能转动，由颐和园小工厂
的一些老同志帮助拆洗上油，
因此恢复了车轮灵活转动，
并补配了一个脚蹬子。汽车

图 6

的油饰工作，由颐和园技术高超的老油工于松龄负责，油饰效果如同
原车。由于当时汽车车胎定制成本太高，所以陈文生师徒从颐和园库
房领了废旧的六条内胎和六条外胎，到五道口找了一个修补汽车胎师
傅按尺寸粘接热补了四套内、外车胎，回去装在了现在的汽车上。最后，
陈文生师徒在菜市口信托商店买了两米多做皮鞋的皮子，回去用泡钉
将汽车座椅、靠背重新包镶，完成了此车的修复（图 6）。修复后的
汽车效果得到了当时的领导和老师傅的肯定。

图 3 ｜ 车轮和挡泥板

图 4 ｜ 后配的方向盘

图 5 ｜ 改造的马车灯

图 6 ｜ 用泡钉包镶的皮面

三、汽车的品牌之争

一直以来，颐和园收藏的这辆汽车的品牌有着颇多的争议，大致分为奔驰品牌说和杜里埃品牌说。据颐和园研究馆员翟小菊记述 [2]，20 世纪 80 年代，她曾接待来园考察的德国奔驰汽车公司的三位工程师，德国奔驰汽车公司的工程师确认颐和园收藏的汽车是第二代奔驰汽车，他们愿意以十辆最新奔驰汽车换回这辆汽车，没有得到园方答应，颐和园藏奔驰牌汽车的说法就此而来。

翟小菊在《颐和园藏慈禧太后汽车》一文中记述：德国工程师留下了厚厚的汽车资料，这些资料中记录了德国奔驰汽车从 1886 年到 1961 年的所有车型。翟小菊将其中相关的汽车图片与慈禧的汽车进行了比对。她认为，1886 年奔驰的第一代汽车，从其木质车轮及前高后低的座椅上，还可以清晰地看到马车的影子，这说明早期的汽车外形设计，很大程度上受到马车的影响；1893 年的奔驰汽车，已由木质轮胎发展成可以充气的轮胎，发动机在座位下，尤其是车头和车灯的设计，与慈禧的汽车非常相近；1897 年的奔驰汽车，整体车型与慈禧的汽车基本一致，而且奔驰汽车图片上有英文说明 "Darmler belt-driven car Victoria 1897"（戴姆勒 皮带驱动汽车 维多利亚 1897）。因此，翟小菊认为颐和园收藏的汽车是 1897 年奔驰牌汽车（图 7）。

至于颐和园藏汽车品牌的第二种说法，主要是依据该汽车右前侧脚蹬面有英文 "DURYEA" 标识（图 8）。杜里埃（DURYEA）是美国最早的汽车品牌之一，由美国发明家与汽车制造商查尔斯·埃德加（1861~1938 年）与弟弟吉姆斯·弗兰克·杜里埃（1869~1967 年）创办的美国最早的汽车之一，故二人被称为美国汽车之父。1893 年，杜里埃兄弟将一台单缸四马力汽油发动机和传动装置装在一辆马车上，并行驶在马萨诸塞州的大街上，此后装配了 13 辆汽车，时至今日难觅踪影。1898 年，两兄弟因意见不合以分手告终，其后弟弟弗兰克与他人合作组建新公司继续生产图利亚汽车，1924 年公司被出售（图 9）。事已至此，似乎颐和园藏汽车的品牌之争已尘埃落定。但是，颐和园汽车带有 "DURYEA" 标识的脚蹬存在着一些争议，原因是脚蹬面

2

翟小菊：《慈禧 "老爷车"的御用汽车》，《景观》总第二十一期（2009/01）。

图 7 | 早期的奔驰汽车

图 8　　　　　　　　　　　　　　　　　　　　　　图 9

图 10　　　　　　　　　　图 11　　　　　　　　　　图 12

上的两处固定螺丝为"一"字半球帽螺丝，汽车左侧第二、第三个脚蹬及车身其他部位螺丝都为偏平"一"字螺丝，很显然此脚蹬为后配上的（图 10~12）。因此，此脚蹬是后配其他汽车的脚蹬，还是原来就有的脚蹬重新进行了修复，成为争论焦点，修复当事人只记得修复了一个脚蹬，但未能说出修复脚蹬的来源，成为该汽车品牌不确定的原因。

　　综合以上两种品牌说法，笔者也进行了比较探讨，不论是德国早期奔驰汽车，还是美国杜里埃汽车，甚至其他品牌汽车，其制造之始或多或少借鉴或结合了马车造型，因此单从马车造型、木车轮、胶皮轮胎难以作为颐和园汽车品牌确定的依据。值得关注的是，有人将

图 8　带杜里埃标识的脚蹬
图 9　北京汽车博物馆藏 1903 年杜里埃汽车
图 10　左侧第二个脚蹬
图 11　左侧第三个脚蹬
图 12　左前脚蹬

图 13 图 14 图 15

1899 年（3 缸 6 马力）⟹

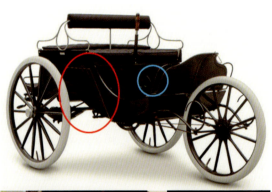

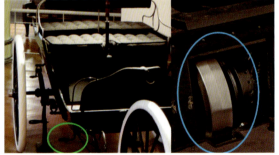

图 16

颐和园汽车、老照片中的早期杜里埃汽车和杜里埃汽车实物进行了对比，虽然汽车并不完全相似，但是有以下相似之处：一是前车轮之间的梁架造型相似（图 13）；二是前排座椅下弧形凸出部位相似（图 14）；三是汽车前排两侧车厢外侧的弧形装饰图案相似（图 15）。基于以上三个特点，该车与早期奔驰汽车有着明显的区别，笔者认为颐和园收藏的汽车极有可能是美国杜里埃早期汽车（图 16）。

图 13 ｜ 前轮间梁架

图 14 ｜ 前座左下的弧状凸出部位

图 15 ｜ 前排侧面装饰纹样

图 16 ｜ 颐和园藏汽车与杜里埃汽车对比

四、汽车进献的时间和进献人探讨

到底是谁？在何时送给慈禧这辆汽车？这两个问题始终也存在着很多的争论。据陈文生老先生记忆，20世纪70年代修复这辆汽车时，颐和园老文物工作者金恒贵先生说是1897年袁世凯进贡给慈禧太后的。社会上，也有流传慈禧太后60岁寿典（光绪二十年，1894年）、63岁寿典（光绪二十三年，1897年）、68岁寿典（光绪二十八年，1902年）进贡等说法，但是目前所见档案礼单中均无关于此车的记载。近年，互联网上有一张1945年美军参观颐和园时与该汽车的合影，照片中清晰可见汽车篷前挂着说明牌，上写着"汽车 前清光绪二十九年两广总督德寿呈进"，光绪二十九年即1903年。说明牌时间距清朝灭亡只有几十年，此为目前最为可信的依据，据此这辆汽车最有可能是光绪二十九年由两广总督德寿进贡的（图17）。诸多争论无以档案材料支撑，唯这张老照片是目前最为有力的证据。

五、结语

颐和园收藏的汽车是清代晚期一件重要的外国文物，它见证了慈禧真实的宫苑生活，反映了清代晚期宫廷历史的一个侧面，也是现代交通工具传入我国的一件重要物证。

1901~1902年，匈牙利商人李恩时（Leinz）从香港带到上海的美国奥斯莫比尔（Oldsmobile）汽车，成为目前档案记载传入我国最早的汽车[3]。据相关文献记载[4]，上

图17 | 1945年美军参观颐和园的汽车

3

姜海程：《中国第一车之辩——与翟小菊先生商榷慈禧御用汽车身世》，《景观》总第二十五期（2010/01）。

4

魏励勇：《中国早期汽车的应用及进口》，《上海汽车》1997年第7期。

中国公路交通史编审委员会：《中国公路运输史》，人民交通出版社，1990年。

仇克主编：《上海汽车工业史》（1901~1990），上海人民出版社，1992年。

秦国强：《中国交通史话》，复旦大学出版社，2012年。

交通部中国公路交通史编审委员会、《公路交通编史研究》编辑室：《公路交通编史研究》1983年第1期。

图 18 │ 北京汽车博物馆藏 1902 年奥斯莫比尔汽车

海工部局于 1902 年 1 月 30 日颁予奥斯莫比尔汽车"临时牌照",准其上街行驶。颐和园收藏的汽车为后置发动机,未脱离马车造型,与北京汽车博物馆收藏的 1902 年奥斯莫比尔汽车车型类似,奥斯莫比尔汽车车轮为金属辐条(图 18),明显比颐和园的汽车要先进,就此而言颐和园汽车的制造年代要早于奥斯莫比尔汽车,但就目前档案资料而言奥斯莫比尔汽车是传入我国最早的汽车品牌。

正是由于慈禧汽车的诸多问题尚未完全弄清,因此关于颐和园汽车的争论也会深刻地影响着中国汽车的发展史。我相信,关于颐和园慈禧汽车的争论不会就此停止,但是在更多的档案资料呈现之时,它对于我们探究客观历史意义重大,不单是澄清一段清代晚期的宫廷史,更重要的是理清中国汽车发展的脉络,面向中国未来科技之进步。

图 版

颐和园藏文物大系·外国文物卷

玻璃器

红地玉兰花玻璃瓶

19 世纪末至 20 世纪初

日本

高 54 厘米　口径 24 厘米　腹径 32 厘米
足径 18.2 厘米

◆　撇口，短颈，丰肩，肩下渐收，圈足。
玻璃胎，通体以红色为地，腹部描绘写
实风格的玉兰图案。

彩绘描金长颈绿玻璃瓶

19世纪末至20世纪初

高24.3厘米　口径8.5厘米　腹径13厘米
足径9.5厘米

◆　直口，长颈，扁腹，平底。通体为
单色翠绿色透明玻璃，外壁以描金工艺
装饰卷草和花卉图案，瓶腹饰有花卉
纹，以白色为地，用粉色渲染花瓣，绿
色填充根茎和枝叶。该瓶造型简洁，纹
饰多样，色彩妍丽，富丽华贵。

彩绘描金水鸟纹绿玻璃瓶

19世纪末至20世纪初

高26.5厘米　口径9.7厘米　腹径12.5厘米
足径7.8厘米

◆　撇口，细颈，圆腹，圈足。通体为
翠绿色透明玻璃，口沿、底足各施有一
圈描金弦纹，瓶身绘制一幅莲池水禽图。
画面上两只水鸟在湖面低空飞翔，一高
一低，姿态各异；近处莲花盛开，蒲棒
丛生，远处山形朦胧，绵延起伏。画面
设色明快，线条细腻，带有明显的西洋
绘画风格，并用金线勾勒画面，突显画
面立体视觉。

描金洋彩人物玻璃瓶

19世纪末至20世纪初

高 28.6 厘米　口径 11.4 厘米　腹径 16.3 厘米
足径 10.4 厘米

◆　撇口，细颈，丰肩，肩下渐收，底部
微撇。整体以暗绿色为地，渐变为白色，
上部绘有银色花卉纹，下部印有白色花卉
纹，颈部及底部有描金双弦纹，腹部开光
内绘有一对年轻情侣漫步林间。

铜口足人物花卉玻璃瓶

19 世纪末至 20 世纪初

高 29.5 厘米　口径 8 厘米　腹径 9.8 厘米
足距 10.5 厘米

◆ 撇口，瓶身上下内收，腹部略有弧
度。瓶口饰一圈铜饰，铜饰立体镂雕，
三层花饰。通体底色由深绿向浅绿渐
变，瓶身描金花卉图案，叶片以淡蓝、
淡绿填色，花卉则以黄、粉设色。瓶身
中间开光，上绘有一幅田园人物图，底
部支撑铜架，装饰有花卉纹饰，分为三
足，足外撇。

花口双耳蓝玻璃瓶

19 世纪末至 20 世纪初

高 26.3 厘米　口径 12 厘米　腹径 13.7 厘米
足径 8.5 厘米

◆　花口，粗颈，双耳，腹下渐丰，圈足。
由不透明的蓝玻璃制成，器身素雅，未添
加任何纹饰。整体造型规整自然、简洁大方。

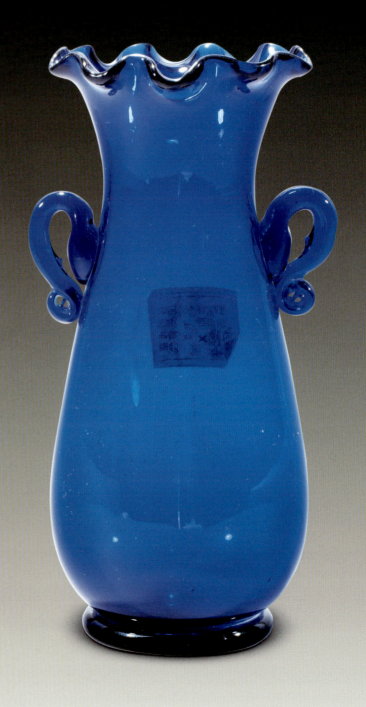

白边花口蓝玻璃瓶

19世纪末至20世纪初

高 16.5 厘米　口径 12 厘米　腹径 10.2 厘米
足径 6.4 厘米

◆　花口，细颈，鼓腹，圈足。通体由
蓝色玻璃制成，瓶口饰透明波浪形花边，
颈部至底部饰多道凸起的平行弧线，斜
向装饰整器。该瓶造型规整，色泽雅致。

橘色荷叶口彩绘描金玻璃瓶

19 世纪末至 20 世纪初

高 11.5 厘米　口径 5.7 厘米　腹径 6.5 厘米
足径 3.9 厘米

◆　荷叶口，溜肩，鼓腹，平底。通体呈浅
橘色，口似荷叶卷起，颈、肩装饰有彩色花
卉图案，其轮廓用金线勾勒，花卉下方零星
点缀各色花瓣。

花瓣式紫口彩绘描金玻璃瓶

19世纪末至20世纪初

高 31 厘米　口径 8.9 厘米　足径 12.8 厘米

◆　直腹，筒形，底足外撇，呈花瓣状。通体为四片花瓣造型，瓶身竖直，自口沿向下，由淡紫色渐变为无色透明，瓶身中上部装饰描金花卉纹饰，花朵呈白色，根茎、蒲棒、水草等则用金色描绘，瓶身下部用平行直条纹装饰。瓶底设计独特，足为八片花瓣形，描金装饰。

浅蓝地描金花卉纹玻璃瓶

19 世纪末至 20 世纪初

高 31 厘米　长 16 厘米　宽 13 厘米
足径 8.5 厘米

◆　花口，单柄，细颈，丰肩，肩下渐
收。器身呈瓜棱式，整器由口至底，从
淡蓝色向下渐变为乳白色。瓶口边缘为
荷叶形，上口描金边，单柄为透明玻璃，
瓶腹上装饰花卉图案，茎叶描金，中间
穿插白紫色花朵，底座上端描绘有一圈
金边。

凸花双耳淡黄玻璃花瓶

19 世纪末至 20 世纪初

高 28.6 厘米　口径 10 厘米　腹径 19 厘米
足径 9 厘米

◆　花口，细颈，鼓肩，深腹。瓶口起
伏，形似荷叶，口下双耳高耸，连至肩
部。瓶腹使用搅玻璃工艺，用黄、白两
色玻璃在制作过程中不断旋转，形成螺
旋式不规则花纹。瓶身饰有立体花卉纹
饰，花卉为红色，根茎为淡绿色。该瓶
造型独特，工艺精湛，色彩清新，带状
不规则花纹给人以妙幻的视觉效果。

铜架双耳紫玻璃花插

19 世纪末至 20 世纪初

高 31.8 厘米　长 18.8 厘米　宽 13.5 厘米
足宽 18.8 厘米

◆　瓶身呈扁圆形，瓶口往下渐丰，圈
足。瓶身有不规则图形纹饰，外置铜架
及底座为一整体，瓶口、底座前后两足
皆有铜质西洋花卉图案装饰，有四足。

双铜耳粉红玻璃花插

19 世纪末至 20 世纪初

高 35.8 厘米　口径 13.5 厘米　腹径 18 厘米
足宽 12.5 厘米

◆　花口，长颈，扁腹鼓出，圈足。口内
呈粉红色，口沿描金，似花瓣绽放。器身
以粉白色为地，颈部中段绘有描金缠枝花
卉及深蓝色花卉纹饰，上下饰两道环绕的
铜圈，以固定双耳；双耳铜镀金，呈卷草形；
颈部与腹部衔接处描金一道弦纹，周围装
饰描金缠枝白花纹；底镶铜质兽足底座。

橘色翻口彩绘描金玻璃花插

19 世纪末至 20 世纪初

高 36.5 厘米　口径 14 厘米　足径 10.3 厘米

◆　瓶身细长，腹部内敛，足微撇。通体玻璃质，由口沿至足底，从橘色渐变为无色透明。瓶口造型独特，花口不规则地向外展开，一角向上翘起，呈弯曲的花朵形状。口沿处装饰有环形描金花卉纹饰，器身饰有描金花卉纹饰。

铜架荷叶口浅蓝玻璃花插

19世纪末至20世纪初

高 48 厘米　直径 31.5 厘米　足径 13.4 厘米

◆　花插由玻璃质花卉和铜质底座两部
分组成。上为长颈花口玻璃，长颈底部
为白色，向花口渐变为浅蓝色；下为圆
盘形花口玻璃，花口处渐变为浅蓝色；
上下两部分玻璃由铜质底座固定连接，
底座上端连接到长颈玻璃底部，以卷草
纹铜饰从侧面向下延伸，连接在圆盘形
玻璃底部，以保持整体的稳固。

双人荡秋千彩色玻璃花插（一对）

19 世纪末至 20 世纪初

红玻璃：高 46 厘米　直径 40 厘米　足距 23 厘米
紫玻璃：高 47 厘米　直径 34 厘米　足距 22 厘米

◆　由铜质支架、玻璃花盘、喇叭形花插及人物装饰四部分
组成。盘架以多股铜丝构成，相互勾连成三角支架、花插底托、
藤萝及秋千。藤萝则以细小的铜片制成藤萝及叶子缠绕在铜
丝上。秋千上装饰两名女子，人物面容恬静，衣纹褶皱生动。
两侧的花插为深筒喇叭花状，其中一件花口及花茎为红色透
明玻璃，尾部为无色透明玻璃；另一件花口为紫色，花茎上
装饰有花卉纹饰。花插下部玻璃花盘呈波浪形，盘口为粉色
锯齿波浪状。玻璃盘底色为白色，上装饰有金、白、蓝、绿
色等花卉图案。

黄口彩绘花卉纹白玻璃花插

19 世纪末至 20 世纪初

高 30 厘米　口径 13.5 厘米　腹径 9 厘米
足径 7.7 厘米

◆　花口,收颈,腹微鼓,平底。通体玻璃质,
由口沿向瓶底,从黄绿色渐变为无色透明。
口沿描金,呈波浪形褶皱,形似花瓣,瓶
身装饰有描金花卉图案,图中鸢尾花朵呈
紫色,再用白色点染烘托出光影效果,根
茎则以绿色填充,用深绿色表现明暗关系,
花卉整体以金线描绘轮廓,立体感强烈。

红边花口黄玻璃花篮

19 世纪末至 20 世纪初

高 20 厘米　长 12 厘米　宽 11 厘米
足径 5.7 厘米

◆　器形呈花篮状，提手部分为黄色透
明玻璃，顶端拧作一股；篮筐花口外撇，
呈红色；篮腹鼓出，与底部圈足相连接，
呈青绿色，腹部一侧饰有立体花叶形图
案。花篮通体色彩靓丽，造型精美，清
新淡雅。

铜架提梁红玻璃果篮

19 世纪末至 20 世纪初

高 39 厘米　长 34.5 厘米　宽 16.6 厘米

◆　由玻璃果篮和提梁铜架两部分组
成。橙色玻璃果篮使用套料工艺，外套
白色玻璃，造型呈仿海螺状。铜架为
高弧度提梁，提梁上装饰有花枝纹和
人面图案。提梁铜架则用于承托橙色
玻璃果篮。

描金凸花红玻璃盂

19 世纪末至 20 世纪初

高 8 厘米　口径 21.8 厘米　腹径 22.1 厘米
足径 11.7 厘米

◆　口微敛，浅鼓腹，圆底，圈足。器
身整体为红色磨砂玻璃质地，口部、腹
部及底部皆装饰有描金纹饰，略向外凸
出。口部、底部装饰不规则锯齿状纹样，
腹部纹饰则为各类花卉图案。此盂造型
别致，色彩明艳，立体感强烈。

19 世纪末至 20 世纪初

铜架红玻璃提篮

19 世纪末至 20 世纪初

高 30 厘米　长 26 厘米　宽 26 厘米
足距 9.8 厘米

◆　由铜架和玻璃篮筐两部分组成。篮筐为红色玻璃，形似卷叶，口沿呈波浪状起伏，内壁光滑，外壁切面为凸起的菱形。提手和底座为铜镀金，用于装饰和固定篮筐，提手饰有卷曲花纹，底座镂空，分三足，足外撇。

铜架花口描金绿玻璃盂

19 世纪末至 20 世纪初

高 14 厘米　口径 8.7 厘米　腹径 14 厘米
足距 10 厘米

◆　花口，鼓腹，圈足。器身以绿色玻
璃为底，花口描金，腹部描金卷草纹，
并点缀白色花卉，底部为卷草纹三足铜
架。整体造型小巧精致。

铜足耳描金淡绿玻璃洗

19世纪末至20世纪初

高18厘米　长23.2厘米　宽12.5厘米
足宽17厘米

◆　撇口，圆肩，鼓腹，圜底。通体为
绿色玻璃，腹部饰有描金卷草纹。口、
耳、足皆以铜镀金装饰，双耳呈卷草纹
饰；底部为铜镀金圜底，连接镂空花叶
纹四足，扁平外撇。

白玻璃盖罐

19世纪末至20世纪初

高8厘米　口径11厘米　足径7厘米

◆　敞口，深腹，圈足，足外撇。通体
透明，外壁饰有平行的折线，棱角圆滑。
盖为圆弧形，圆形纽，与罐纹饰统一。

19世纪末至20世纪初

高8厘米　口径11厘米　足径7厘米

喷砂描金玻璃盖罐

19世纪末至20世纪初

高 18 厘米　口径 9.4 厘米　腹径 12.3 厘米
足径 7.4 厘米

◆　由盖、身两部分组成，透明底色，
并以描金弦纹装饰。盖、身使用喷砂工
艺，装饰出白色花卉图案。喷砂工艺是
利用高速的气流将喷料喷射在需处理
物表面，使其表面出现不同粗糙变化的
装饰工艺。

红边撇口描金白玻璃盆

19世纪末至20世纪初

高8厘米　口径21.5厘米　足径11厘米

◆　花口，浅腹，平底。通体透明，口沿为花瓣状起伏，描金边，呈粉红色，至足底渐变为无色透明，腹部饰有描金图案纹饰。

铜架红玻璃圆盒

19 世纪末至 20 世纪初

高 10.2 厘米　腹径 12.2 厘米　足距 11.2 厘米

◆ 　此盒扁圆，近柱体，通体为红色玻璃。顶部装饰描金花卉纹饰，中心饰有蓝彩绿叶描金花卉。器盖可开启，与器身之间有铜圈相扣，器身饰有两道弦纹，底部为镀金铜圈，上饰有花卉纹饰。三足为环形，足外撇。

铜镀金架双耳红玻璃果盘

19 世纪末至 20 世纪初

高 21.3 厘米　长 32 厘米　宽 20.7 厘米
足径 12.5 厘米

◆　由玻璃盘和铜架两部分组成。内置
玻璃盘为素面红色；外铜架为铜镀金
质，架为圜底、高足，架身装饰以镂空
花果纹饰，两侧有螺旋藤蔓双耳，耳上
饰有半身人像，铜架则用于装饰及承托
红色玻璃盘。

描金高足蓝玻璃果盘

19 世纪末至 20 世纪初

高 12 厘米　口径 22 厘米　足径 17.3 厘米

◆　圆口，深腹，高足。蓝色透明玻璃
质，盘口沿、足及盘底边饰有描金纹饰，
包括双螺旋图案和首尾相连的花草纹饰
等，足柄下部饰有两道描金弦纹。

瓷 器

凸花水果瓷瓶

19世纪末至20世纪初

高 27.5 厘米　口径 10.8 厘米
腹径 14 厘米
足宽 12.5 厘米

◆　花口，口部往下渐收至底部，底足
外撇。整体呈筒状，口沿处由多片描金
叶片组成，形成一圈金边，瓶身饰有描
金凸起叶形花纹，上饰贴花葡萄藤叶。
该瓷瓶造型巧妙，形态逼真。

洋彩描金花卉瓷瓶

19世纪末至20世纪初

奥地利

高24厘米 口径6厘米 腹径16厘米

足径8.2厘米

◆ 花口，双耳，细颈，鼓腹，腹下渐
收，圈足。瓷瓶中上部为渐变黄色，布
满不规则形暗纹，双耳呈枝茎状，交错
延伸至瓶口，与瓶口描金镂空花卉连成
整体。腹部饰蓝色花卉和昆虫纹饰，下
部以绿色为地，底部饰描金花卉纹，与
瓶口处上下呼应。色彩对比鲜明，造型
精美。

黄地狮子瓷瓶（一对）

19世纪末至20世纪初

高28厘米　口径15厘米　足径18.4厘米

◆　此瓶上窄下宽，中间束腰。口部及瓶身装饰描金圆形纹饰，器身镶嵌大小不一、颜色各异的圆形装饰片，腰部饰有一只怒吼的雄狮，鬃毛浓密，健壮有力，尽显威武雄壮的身姿。

黄地叶纹瓷瓶

19 世纪末至 20 世纪初

高 21 厘米　口径 3.3 厘米　腹径 10.5 厘米
足径 7 厘米

◆　敛口，丰肩，鼓腹，腹下渐收，底
足部微撇。整体以黄色为底色，口沿和
底足描金，腹部装饰有金色各种叶片纹
饰，叶片形状和叶脉根茎清晰可见。

浅蓝地海马纹瓷瓶

19世纪末至20世纪初

高22厘米　口径4.5厘米　腹径11厘米
底径7.5厘米

◆　圆口，短颈，丰肩，肩下渐丰，底
足微撇。通体浅蓝，装饰红色海马及珊
瑚纹饰。

白地描金花卉纹三棱瓷瓶

19世纪末至20世纪初

奥地利

高15.4厘米　长15.3厘米　宽13.5厘米
足径5.9厘米

◆　花口，细颈，三耳，鼓腹，平底。
瓶口为六瓣花口，呈三角形，耳部呈变
形的卷叶纹，腹部三面都装饰有描金
花卉图案，正面花卉茂盛，两侧则相
对简洁。

洋彩描金昆虫花卉纹
双耳瓷瓶

19世纪末至20世纪初

奥地利

高25厘米　长18厘米　宽13厘米
足径7.3厘米

◆　撇口，短颈，丰肩，双耳，肩下内
敛，束胫，足外撇。双耳描金呈卷叶状，
瓶身分为三层装饰，上部装饰昆虫花卉纹
饰，中部饰有不规则的描金圆形图案覆
盖整个区域，下部为绿色。底部有"Rstk
TURN-TEPLITZ-BOHEMIA"及"MADE
IN AUSTRIA"等字样及商标。

洋彩描金镂空双耳瓷瓶

19 世纪末至 20 世纪初

奥地利

高 15.3 厘米　口径 3.2 厘米　腹径 9.8 厘米
足径 6.1 厘米

◆　花口，双耳，撇口，颈部往下渐丰，鼓腹，底部内敛。口部与双耳皆为镂空描金，双耳造型呈蝴蝶翅膀状，腹部装饰描金花卉图案，下腹部用金色堆塑三头植物环绕瓶身一周。器底有"Rstk TURN-TEPLITZ-BOHEMIA"及"MADE IN AUSTRIA"字样及商标，最早可追溯至 1892 年。

洋彩描金四耳瓷瓶

19 世纪末至 20 世纪初

奥地利

高 17 厘米　腹径 11 厘米　足径 7.9 厘米

◆　瓶外形呈水滴状，口部四角各有一金色叶形装饰向外弯曲与耳相连，延伸至腹部呈"U"形线条装饰。瓶身绘有大小不规则的圆形图案，以彩色颜料零星点缀，颜料厚度的不同在视觉上形成了立体效果。底部有"Rstk TURN-TEPLITZ-BOHEMIA"及"MADE IN AUSTRIA"字样及商标。

黄地描金花卉梨形瓷瓶

19 世纪末至 20 世纪初

奥地利

高 15.1 厘米　口径 9 厘米　腹径 10.8 厘米
足径 6.6 厘米

◆　花口，短颈，瓶身呈梨形，口部至
肩部有金色四耳，耳部逆时针弯曲，与
肩部相连接。通体黄绿色，上绘有凸
起描金花卉纹饰，中间点缀深蓝色花
蕊，瓶身空白处装饰金色"三"字形
纹饰。底部有"Rstk TURN-TEPLITZ-
BOHEMIA"及"MADE IN AUSTRIA"
字样及商标。

黄地描金紫花单柄瓷水罐

19 世纪末至 20 世纪初

奥地利

高 20 厘米　长 8 厘米　宽 9.5 厘米
足径 5.8 厘米

◆　花口，细颈，鼓腹，腹下渐收，单柄，
高足。口为金色卷叶形，脉络清晰可
见，由口向外弯曲形成单柄，与腹部相
连。肩部绘紫色花卉图案，花茎悬于花
下，下部绘有水藻。底座呈金色，底部
有 " Rstk TURN-TEPLITZ-BOHEMIA "
及 " MADE IN AUSTRIA " 等字样及商标。

五彩描金凤凰绣球花
瓷将军罐

19 世纪末至 20 世纪初

日本

高 71 厘米　口径 19.5 厘米　腹径 48 厘米
足径 18.3 厘米

◆　圆口，直颈，丰肩，收腹，圈足，
圆盖鼓起，有圆形纽。通体以彩绘描金
绘制，肩部装饰有开光，内绘兽首和花
卉图案，腹部描绘凤凰游于绣球花间，
下部绘有山石花卉。此罐造型简洁，纹
饰繁复，色彩明艳，带有鲜明的日本艺
术风格。

彩釉天使凸花瓷罐（一对）

19世纪末至20世纪初

高 24 厘米　长 29.5 厘米　宽 24 厘米

◆ 此罐通体施白釉，花口描金，腹部贴塑立体月季花卉纹饰，瓷罐以三足支撑，装饰成带翅膀的小天使造型。足下附带纸质器物座，分三层，包锦边。该器物造型独特，活泼俏皮，是西方造型艺术与陶瓷工艺的结合。

凸花草莓纹瓷花插（一对）

19世纪末至20世纪初

高 50 厘米　长 38 厘米　宽 38 厘米
足距 23 厘米

◆　三瓣撇口，细颈，中部有托盘凸出，
底足为下翻花瓣形。通体以绿色为底
色，上绘有立体草莓花、果、叶纹饰，
枝条盘绕在整个器身上。该花插造型独
特，颜色清新，纹饰带有强烈的立体感。

枝干，形成了一朵盛开的花朵形状。日文急
须（KYUSU）一词是由中国福建南部对于
一种横柄壶"急烧"的称呼，此种器形又称"横
柄急须"。

彩釉花形瓷急须壶

19世纪末至20世纪初

日本

高 7.5 厘米　长 13 厘米　宽 10 厘米

足径 5 厘米

◆　此壶以盖为蕊，身为花，嘴为叶，柄为

枝干，形成了一朵盛开的花朵形状。日文急

须（KYUSU）一词是由中国福建南部对于

一种横柄壶"急烧"的称呼，此种器形又称"横

柄急须"。

五彩描金花卉纹提梁瓷壶

19 世纪末至 20 世纪初

日本

高 20 厘米　口径 8.3 厘米　腹径 17 厘米
足径 8.9 厘米

◆　鼓腹，平足，提柄，壶口微撇，圆盖鼓起，
有圆形纽。通体为白色釉，壶流、盖沿、圆
纽和提梁处装饰有描金纹饰，壶盖和腹部绘
制各色花卉纹饰。该壶造型规整，色彩明快，
纹饰多样，带有浓郁的日本艺术风格。

白地描金蓝月季双耳
瓷汤盆

19世纪末至20世纪初

英国

高 7.7 厘米　长 23.5 厘米　宽 17.9 厘米

足径 9.8~13.5 厘米

◆　花口，双耳，鼓腹，圈足，上附盆盖。盆边略呈花口，底色为白色，上绘有蓝色月季花纹饰。汤盆造型简洁，设色素雅。底部有皇冠形和绶带形商标（绶带上有"OPAQUE CHINA"）及"ROSALIND""S.H.&SONS ENGLAND"字样。

凸花三鱼瓷盆

19 世纪末至 20 世纪初

高 11.8 厘米　口径 21.2 厘米
腹径 22 厘米　足距 12.6 厘米

◆　圆口，由盆口向下渐收，三立足。
腹部饰有花卉纹饰，底足为立体青鱼造
型。凸花三鱼形象逼真，写实生动，三
条鱼尾部被设计成三足，用于支撑盆
体。根据旧档记载，此盆为贝子载振进
贡而来。

釉下绿彩花叶纹瓷碗

19 世纪末至 20 世纪初

日本

高 9.3 厘米　口径 12 厘米　足径 6.9 厘米

◆　圆口，直腹，腹较深，有圈足。通体施白色釉，釉面冰裂纹开片，采用釉下彩的方式描绘绿色花叶。下腹处有"大山"款识。釉下彩是瓷器中常见的装饰方法，先在已成型晾干的素坯上绘制纹饰，之后施以浅色或白色釉，最后进行烧制。

红绿釉双耳瓷水盂

19世纪末至20世纪初

高15厘米　长31厘米　宽15厘米
足径13.7~23.5厘米

◆　花口，双耳，敛颈，腹部略向外撇，
底部内敛。以绿色和褐色为主体颜色，
口沿呈叶片形，腹部饰有花蕾和果实纹
饰，双耳呈藤蔓状，与口沿连接为一体，
底部装饰有叶片形纹饰向上延伸。

白地绿釉草莓纹
双耳瓷水池

19世纪末至20世纪初

高12厘米　长23厘米　宽9.5厘米
足径8.2~14厘米

◆　花口，双耳，波浪形口沿，鼓腹，
平底。通体施白釉，双耳及口沿下部为
深绿色，装饰草莓纹图案，器身下部施
以绿色和褐色，表现茂盛的青草郁郁
葱葱。

紫地洋彩开光人物瓷饮具 （一套）

19世纪末至20世纪初
杯：高8厘米　口径5.7厘米　足径3.7厘米
盘：高1厘米　直径10.8厘米　足径6厘米
壶：高18厘米　口径5.3厘米　足径7厘米
糖罐：高13.5厘米　口径5.3厘米　足径7厘米
奶罐：高13厘米　口径4.4厘米　足径5.1厘米
托盘：高2厘米　长34.5厘米　宽33.5厘米

◆　此饮具共十件为一套，包括壶、糖罐、奶罐、托盘各一件，杯碟五组。

◆　壶为曲柄，壶口微撇，圆盖鼓起，有鸟形纽，溜肩，鼓腹渐收，束胫，底足外撇。通体以红、绿、乳白釉色相间，上绘各式金色西洋花卉纹饰，腹部装饰金色边框开光，内画西方神话人物故事。壶柄装饰成金色鸟形，壶口为兽头造型。

◆　糖罐双耳，圆盖鼓起，有鸟形纽，溜肩，鼓腹渐收，束胫，底足外撇。通体饰有红、绿、乳白釉色，上绘各式金色西洋花卉纹饰，双耳为金色鸟形造型。

奶罐敞口，曲柄，溜肩，鼓腹渐收，束胫，底足外撇。通体以红、绿、乳白釉为底色，上绘各式金色西洋花卉纹饰，腹部装饰金色边框开光，内绘西方神话人物故事。壶柄为金色鸟形造型。

◆　杯一组五件，撇口，深腹，曲柄，束胫，圈足，饰金口边。口沿饰有一圈金色花卉纹饰，通体为红、绿、乳白釉底色，上绘各式金色西洋花卉纹饰，金色边框开光，内绘西方神话人物故事，杯柄作金色鸟形。

◆　碟一组五件，袒腹，圈足，口沿饰有金边。通体以红、绿、乳白釉为底色，上绘各式金色西洋花卉纹饰。

托盘为波浪形口沿，四周装饰有花卉图案纹饰，中间有开光，内绘有三位西方人物。

彩绘雪景杯碟（一套）

19 世纪末至 20 世纪初

日本

杯：高 5.1 厘米　口径 9.6 厘米　足径 4.5 厘米

碟：高 2.1 厘米　口径 13.6 厘米　足径 8.5 厘米

◆　整套杯碟为花口，圈足底。杯碟整体以灰色为底色，绘有雪景山水图案。杯碟底部都写有红彩书"九谷"款。"九谷烧"起源于江户时代初期（1655 年前后）加贺国江沼郡九谷村，初学中国瓷器，之后本土化发展出自己的风格，晚期在西洋艺术的冲击下，融合日本传统审美风格，制作出许多描绘景致的瓷器佳作。

洋彩描金花卉纹花叶形瓷盘

19 世纪末至 20 世纪初

法国

高 2.4 厘米　长 33 厘米　宽 23.5 厘米

◆　此盘呈花叶形，盘口为描金花口，浅橘色，由口沿向中心渐变为白色。盘子中心及四角装饰彩色花卉纹饰，盘底绘有商标"LIMOGES""W. G. &CO.""FRANCE"及"W. GUERIN&CIE PARIS&LIIMOGES"字样。LIMOGES（利摩日）位于法国中南部，是法国的艺术之都，所出产的精美瓷器享誉世界。1771 年利摩日建立第一座瓷器厂，高温加工的第一批瓷器问世。利摩日瓷器逐步发展，至 1850 年瓷器厂增至 30 多家，瓷器造型多种多样，在 1878 年利摩日参加巴黎博览会，并迅速进入制瓷业的黄金时代，成为著名的法国瓷器的代表。

此盘口微撇，有描金花纹，弧壁，
圈足，盘中绘有以海洋鱼类为主体的图
案，底部带有"KPM"字样商标，为
德国"柏林皇家瓷器厂"制造。

描金花口鱼纹瓷盘

19世纪末至20世纪初
德国
高 2.5 厘米　直径 25 厘米　足径 16.3 厘米

◆　此盘口微撇，有描金花纹，弧壁，
圈足，盘中绘有以海洋鱼类为主体的图
案，底部带有"KPM"字样商标，为
德国"柏林皇家瓷器厂"制造。

白地绿边狐狸纹花口瓷盘

19世纪末至20世纪初

德国

高 3.5 厘米　直径 25 厘米　足径 13.7 厘米

◆　花口微撇，弧壁，圈足，盘中绘有
以狐狸为主体的图案，底部带"KPM"
字样商标。KPM 是指德国"柏林皇家
瓷器厂"。此厂距今已有二百五十余年
的历史，创建于 1751 年，1763 年普
鲁士国王腓特烈大帝将其收购，还赐予
了一尊宝石蓝色的君主节杖作为商标。

白地棕红口瓷洁具（一套）

19 世纪末至 20 世纪初

德国

盆：高 14 厘米　　长 27 厘米　　宽 23 厘米　　足径 13.9 厘米
长皂盒：高 3.8 厘米　　长 25 厘米　　宽 9.8 厘米　　足径 5.5~20.3 厘米
短皂盒：高 2.2 厘米　　长 14.5 厘米　　宽 10.7 厘米　　足径 5~9 厘米

◆　此套洁具包括盆一件，长、短皂盒各一件。盆为曲柄，花口，束颈，圆肩，腹渐收，平底。通体乳白色，花口描金，束部装饰棕红色。长、短皂盒通体乳白色，花口描金，口沿装饰花瓣形纹饰，线条简单，凸起处以描金装饰。底部皆有"VILLEROY&BOCH"及"METTLACH"字样，是由德国唯宝公司制造。1836 年，尼古拉斯·维勒瓦（Nicolas Villeroy）和让 - 弗朗索瓦·宝赫（Jean-Francois Boch）签订了两家企业的联合协议，创建了德国唯宝。1809 年让 - 弗朗索瓦·宝赫在麦特拉赫 (METTLACH) 买下了一座本笃会修道院改造为工厂，这座修道院位于萨尔河边，至今仍为德国唯宝公司集团的总部。

缘卷起，叶柄交织在一起。整体以黄褐

色为地，中间装饰浆果和落叶。该提篮

形象生动，造型独特，展现了落叶满地、

硕果累累的金秋景象。

黄褐地凸花水果瓷提篮

19 世纪末至 20 世纪初

高 13.5 厘米　长 34 厘米　宽 15 厘米
足径 10.1~29.2 厘米

◆　此提篮外形似两片宽大的叶子，边

天使凸花瓷皂盒（一对）

19 世纪末至 20 世纪初

高 15 厘米　长 15.3 厘米　宽 12 厘米
足径 7.5~10.2 厘米

◆　此皂盒通体为乳白色，盖与身有镂
空描金和立体花卉图案装饰，花卉施彩
色釉，盖上饰有带翅膀的天使，周围花
团锦簇。皂盒整体工艺精美，色彩淡雅，
立体感强，造型生动。用彩色釉将每一
片花瓣独立地表现出来，将天使簇拥其中。

各色釉瓷盖盒

高 5.5~6.2 厘米　直径 5.5~7.8 厘米
足径 2.6~4.2 厘米

◆　此类盖盒造型多样，有南瓜、柿子、
向日葵等多种样式。通体施单色釉，颜
色丰富多样，造型惟妙惟肖，是将仿生
瓷器与实用器物巧妙结合的代表作品。

洋彩花卉纹瓷彩蛋（四件）

19世纪末至20世纪初

高9.5厘米　长8.3厘米　宽7厘米

◆　此彩蛋底色为白色，装饰有各色花卉纹饰，附带铜质花形底座。彩蛋器形规整，简朴大方，花卉纹饰色彩明丽。彩蛋作为欧洲一种传统节日的象征而被人熟知，根据各国的传统有多种不一样的图案及制作方法。

珐琅器

七宝烧豆青地花鸟纹瓶

19 世纪末至 20 世纪初

日本

高 61 厘米　腹径 23.5 厘米　足径 14.6 厘米

◆　铜胎。撇口，短颈，丰肩，肩下渐收，圈足。通体以豆青色为地，上绘禽鸟、花卉纹饰，色彩清雅，生动活泼。

七宝烧墨地牡丹纹瓶

19 世纪末至 20 世纪初

日本

高 61 厘米　腹径 20.5 厘米　足径 12.9 厘米

◆　铜胎。撇口，短颈，溜肩，腹部往下渐收，圈足。通体以墨色为地，上绘各色花卉纹饰，色彩明艳。

七宝烧金星石地樱花纹瓶

19 世纪末至 20 世纪初

日本

高 61 厘米 口径 16 厘米 腹径 25 厘米
足径 11.6 厘米

◆ 铜胎。撇口，细颈，肩部往下渐收，
圈足。通体以棕红色为地，上以洒金装
饰，耀如金星。瓶身上绘有樱花、鸽子
纹饰，用色淡雅。

七宝烧五彩花鸟纹瓶

19 世纪末至 20 世纪初

日本

高 45.5 厘米　口径 9.5 厘米　腹径 16.5 厘米
足径 12.5 厘米

◆　铜胎。撇口，短颈，丰肩，直腹往
下渐收，圈足微撇。通体以蓝、白、绿
三色为底色，表现了一幅山水禽鸟景象，
采用近大远小的表现手法，近景绘公鸡
和母鸡在草地上悠闲踱步，周围花草郁
郁丛生，生意盎然；远景则描绘了山石、
树丛和茅屋，中间有溪流相隔，形成一
幅生动的风景画。

七宝烧紫地凤凰纹瓶

19 世纪末至 20 世纪初

日本

高 40 厘米　口径 8.5 厘米　腹径 16 厘米
足径 9.6 厘米

◆　铜胎。撇口，细颈，肩部往下渐收，
圈足微撇。通体以紫色花卉为地，上深
下浅呈渐变色。瓶上绘有一只展翅飞翔
的凤凰，羽毛随风飞舞，灵活生动。

七宝烧山水纹瓶

19世纪末至20世纪初

日本

高 37 厘米　口径 9.5 厘米　腹径 16 厘米
足径 10.2 厘米

◆　铜胎。撇口，短颈，丰肩，肩部往
下渐收。瓶身整体绘有自然风景，表现
了在山崖绝壁上，湍急的瀑布飞流直
下，水中几尾鲤鱼跳跃出水面，崖壁四
周层峦叠翠，树木茂盛。整幅山水作品
色彩清雅，气势磅礴。

七宝烧花卉纹瓶

19 世纪末至 20 世纪初

日本

高 31 厘米　口径 5.5 厘米　腹径 11 厘米
足径 5.5 厘米

◆　铜胎。撇口，短颈，溜肩，肩部往
下渐收，底部微撇。通体为淡蓝色，下
腹部渐变为绿色，瓶身绘有倒挂枝条和
花卉，瓶底描绘青草、花卉以及蜻蜓的
小溪，描绘画面清新淡雅，生机盎然。

画珐琅藤萝鱼纹瓶

19世纪末至20世纪初

日本

高25.5厘米　口径4.5厘米　腹径9.5厘米
足径6.1厘米

◆ 铜胎。撇口，细颈，鼓腹，圈足。
通体以蓝色为地，上部绘有紫藤萝悬挂
在空中，下部绘游鱼在水中畅游，充满
生机。

七宝烧白地花卉纹瓶

19 世纪末至 20 世纪初

日本

高 15.5 厘米　口径 3.5 厘米　腹径 7.5 厘米
足径 4.3 厘米

◆　铜胎。撇口，短颈，溜肩，肩部往

下渐收，圈足。通体以白色为地，上绘

蓝色花卉纹饰，简约大方，清新淡雅。

七宝烧红地花卉纹瓶

19 世纪末至 20 世纪初

日本

高 24.5 厘米　口径 5 厘米　腹径 9 厘米
足径 5.4 厘米

◆　铜胎。撇口，短颈，溜肩，肩部往
下渐收，圈足。以红色为地，口部下方
及圈足上方点彩做装饰，上绘紫色马蹄
莲花卉图案。

七宝烧花卉纹瓶

19世纪末至20世纪初

日本

高15厘米　口径5.5厘米　腹径9厘米
足径6.2厘米

◆　铜胎。撇口，细颈，鼓腹，腹下明
显内收，圈足。通体以渐变蓝色为地，
腹部绘有花卉图案，延伸至底部由淡
绿变化为淡黄色，色彩变化柔和，清新
自然。

七宝烧菊纹方盘

19 世纪末至 20 世纪初

日本

高 2 厘米　长 29 厘米　宽 29 厘米

◆　铜胎。方形，四角呈圆弧状。盘内

底色为渐变米色，上绘有菊花和蝴蝶图

案，清新淡雅。

七宝烧菊纹长方盒

19 世纪末至 20 世纪初

日本

高 5.3 厘米　长 11.4 厘米　宽 9 厘米

◆　铜胎。方形，倭角，平底。通体以
豆青色为地，上绘菊花纹图案，清丽雅
致，色彩艳丽。

七宝烧菊纹长方盒

19世纪末至20世纪初

日本

高5.5厘米　长12厘米　宽9厘米

◆　铜胎。长方形，倭角，平底。通体
以白色为地，上绘菊花纹图案，色彩明
艳，工艺精湛。

钟表

铜镀金绘贵妇像匣式钟

18 世纪

英国

高 37 厘米　长 18.5 厘米　宽 14 厘米

◆　上部略呈三角形，前后两面绘贵妇头像，左右两侧嵌金星点圆片。背部装合页，开启可见表盘，用罗马数字进行标注，有"WILLIAMSON"及"LONDON"字样。内附香水瓶、刀、剪、夹等工具。下部呈方形，正面装嵌有油画，其绘画手法及题材皆带有浓厚的西方风格；背面的双开门内有机芯。

铜镀金四柱八音水法座表

18 世纪

英国

高 24 厘米　长 17.5 厘米　宽 10 厘米

◆　此表顶部装饰有花篮，周围四铜柱
头上方装饰展翅欲飞的铜鸟。四柱支撑
拱门，表盘位于中间，用罗马数字及阿
拉伯数字进行标注，四柱周围以繁花装
饰，平台栏杆处可见水法柱。底座装饰
乐器图案及花卉，兽爪形四足。

铜镀金宫殿式象鸟座钟

18世纪

英国

高52厘米　长24厘米　宽22厘米

◆　顶部为一象鸟站立在圆形球体上，下方为铜镀金宫殿建筑式，前后两面都嵌有二针钟表，用罗马数字表示小时，阿拉伯数字表示分钟，标有制作者名款"WILLIAMSON"标识及"LONDON"字样。表盘下方镶嵌各色水钻，中间有水钻镶嵌构成的开光，内有西洋风景画，正面两侧有门柱和象鸟作为装饰，内部为机芯。底座仿岩石结构，嵌有彩色水钻，四足呈卷草形。

◆　威廉姆森（Williamson）是英国伦敦著名的制钟世家。该家族中最为出名的两位制表商分别为安妮女王时期的的御用钟表匠约瑟夫·威廉姆森（Joseph Williamson）及18世纪末的蒂莫西·威廉姆森（Timothy Williamson）。

铜镀金四象驮厢匣式嵌水藻玛瑙八音座表

18世纪
英国
高 30.5 厘米 长 19 厘米 宽 15 厘米

◆　此座表分为上中下三部分，通体装饰有水藻图案的玛瑙。顶部以花卉作为装饰，下方嵌有二针圆形表盘，用罗马数字进行标注，表盘中间有"JAˢ. COX"及"LONDON"字样，外侧装饰有一圈水钻。中部柜式部分双开门可打开，内有水法玻璃柱及八音装置，两侧有四根带转花柱头，嵌彩色水钻的支柱。下部四根支柱装饰与上部相同，中间点缀有彩色花形玻璃装饰，内有机芯，四足由四只大象背负。

铜镀金水法转花大象钟

18 世纪

英国

高 140 厘米　长 76 厘米　宽 50 厘米

◆　此钟共分三层，顶部装饰花插，上部为镶嵌各色水钻的琵琶形环，中间嵌二针表盘，以罗马数字及阿拉伯数字进行标注。中部为铜镀金大象，一头部包裹缠头巾的印度人单膝跪于大象头顶，四周装饰水钻花、菠萝花以及旋转的风车。底座为乐箱，上以红白水钻镶嵌成开光，内有二层门，二层门上皆绘有画作。底座四角各有一名少年，以四只铜镀金雄狮为底角，装饰华丽，充满异域风情。此钟可奏乐，同时象眼、耳、鼻、尾均可活动，象身周围装饰亦可旋转。

铜镀金方钟

19世纪
英国
高 13.5 厘米　长 10.5 厘米　宽 5.5 厘米

◆　钟呈近方形，腹部嵌二针时钟，用
阿拉伯数字标注。以各式花卉为装饰，
下部有人面图案。整体体型小巧，造
型精美，纹饰繁复。钟体背面有"PATR
IN GREAT BRITAIN&FRANCE MANF
BY THE BRITISH UNITED CLOCK
CO. BIRMINGHAM ENGLAND"字样。

铜镀金二柱方钟

19 世纪

英国

高 24 厘米　长 14.7 厘米　宽 7 厘米

◆　整体装饰用西洋卷草纹作为主题，
纹饰环绕表盘，漆底，以阿拉伯数字进
行标注，中部有两石质立柱，底座同样
以卷草纹饰作为装饰，同时起到支撑的
作用。

铜镀金嵌珐琅两柱四明钟

19世纪

法国

高 35 厘米　长 19 厘米　宽 14 厘米

◆　钟顶部、两柱、表盘、钟摆底座皆
装饰珐琅。顶部有长方形装饰，中心微凸，
下方微收后呈不规则阶梯状逐渐变宽。
表盘以白色为地，标注罗马数字，附水
银摆。整体造型规整。

铜镀金嵌珐琅圆亭式钟

19 世纪
法国
高 28.5 厘米　直径 18 厘米

◆　钟上顶、亭柱、表盘、钟摆等部皆
装饰珐琅。顶部以圆盘做装饰，逐渐向
外扩散，似水纹波动；钟盘正面饰錾胎
珐琅花纹，标注阿拉伯数字，附水银摆；
底部有足。整体装饰华美，圆柱形设计
造型独特。

铜镀金嵌珐琅平顶四明钟

19 世纪

法国

高 26.4 厘米 长 14 厘米 宽 11.3 厘米

◆ 钟呈方形，平顶。上顶、亭柱、表盘、
钟摆皆装饰有珐琅，钟悬于亭内，表盘
以罗马数字进行标注，附有水银平衡摆。
整体造型极为规整。

铜镀金嵌珐琅亭式四明钟

19 世纪

法国

高 43 厘米　长 23 厘米　宽 16 厘米

◆　钟上顶装饰呈奖杯形，顶部、表盘、
底座皆嵌有珐琅作为装饰，两立柱、表
盘及圆形钟摆都绘有小天使，表盘以罗
马数字进行标注，附嵌圆形摆，四面罩
玻璃。

铜镀金嵌珐琅六柱座钟

19 世纪

法国

高 45 厘米　长 26.5 厘米　宽 16.3 厘米

◆　钟顶部呈奖杯形，共六柱，接装有
花卉形柱头；钟悬于亭内上部，以罗马数
字进行标注，附水银平衡摆，六面罩玻璃。
上顶、亭柱、底座等部皆装饰有珐琅。

铜镀金嵌珐琅六柱
圆亭式钟

19世纪

法国

高 39 厘米 直径 17.7 厘米

◆ 钟整体呈圆亭式。顶部似穹顶，上方有转轮形装饰；中部以六柱作为支撑，对称排列，嵌珐琅，表盘位于支柱正中，采用罗马数字进行标注，周围以简单的双线环绕纹样进行装饰；底部为圆形底座。

铜镀金嵌珐琅水钻
六柱座钟

19 世纪

法国

高 40 厘米 长 25 厘米 宽 17 厘米

◆　此钟为长六边形样式。顶部奖杯形
装饰立于拱起的基座之上。中部以六柱
作为支撑，柱头以花束或喷泉形转花进
行装饰，正面上下条形部分及左右两面
分别绘有小天使及女神图案，宁静温馨；
表盘嵌于中上部，中心绘有爱神，有
"SENRNET FRERES""PARIS-CHINE"
字样，附嵌珐琅圆形摆，表盘及钟摆
外圈都嵌有水钻，背面有"MADE IN
FRANCE"字样。底足依靠六角将座钟
抬高，使整体更显华丽大气，具有皇家
风范。

铜镀金嵌珐琅水钻八柱围屏式钟

19世纪

法国

高53厘米　长45.5厘米　宽16.8厘米

◆　钟顶部呈奖杯形，以珐琅八柱围屏为主体，中部为亭式方钟，表盘悬于其中，饰以珐琅微绘工艺，在蓝色珐琅之中加以几何图案及花卉纹饰，正面有"J. ULLMANN & CO."与"HONGKONG SHANGHAI TIENTSIN"字样，四周嵌水钻，附圆形嵌珐琅摆，大气中不失小巧，细致中突显精致。

铜镀金画珐琅八柱围屏式钟

19 世纪

法国

高 52 厘米　长 45.5 厘米　宽 17 厘米

◆　此钟以珐琅八柱围屏为主体。顶部有奖杯形装饰立于方形基座之上。中间为亭式方钟，画珐琅二针圆形表盘悬于上部，用罗马数字表示小时，阿拉伯数字表示分钟，有"J. ULLMANN & CO.""HONGKONG SHANGHAI"字样，附水银摆。两侧各有四根立柱呈弧形展开，形成围屏样式。底足由六角支撑。

◆　表盘中 4 点采用"IIII"来表示，有观点认为是遵循古罗马的标注习惯，而现代常见的"IV"符号是前者的简写版，到中世纪时才开始流行，用"IV"表示的方法并不正规。

轮船式风雨寒暑表

19 世纪
法国
高 38 厘米　长 48 厘米　宽 20 厘米

◆　此表船身置于绿色大理石座上，甲板上有两个圆筒，分别嵌有二针报时表和风雨寒暑表，两筒之间烟筒侧面嵌有温度计，顶部有指南针。开动船尾舵，圆筒按顺时针方向转动，船尾的驱动轮转动。船尾树龙纹铜旗。

铜镀金锚架玻璃球挂表

19 世纪

法国

高 24 厘米　长 13.2 厘米　宽 13.2 厘米

◆　此表在锚架上悬挂玻璃球挂表，玻璃球挂表装饰有整圈蓝白玻璃水晶，以罗马数字进行标注，有"P. KIERULFF&CO"及"MADE IN FRANCE"字样，底座为绿色大理石。

石座飞鹰风雨寒暑表

19 世纪

法国

高 43 厘米　长 23 厘米　宽 13 厘米

◆　此表顶部装饰一只展翅飞翔的雄鹰，鹰口中衔活环指南针，用时手持置于水平，可用作方位指南。中部黑色柱身装有水银温度计。底座由白色大理石制成，正中嵌二针报时表，表盘以罗马数字进行标注。

159

铜镀金瓶式座表

19世纪末至20世纪初

美国

高22厘米　长12厘米　宽6厘米

◆　此座表呈瓶形，瓶顶部装饰有花草
铜饰，瓶颈部有垂花纹饰，表盘镶嵌在
瓶体正中，用罗马数字进行标注，中部
有对称的花卉图案，两侧耳部和底座皆
饰有盘曲的金龙，四角呈卷草状。

铜镀金亭式座表

19 世纪末至 20 世纪初

美国

高 25 厘米 长 11 厘米 宽 12 厘米

◆　此座表为亭式，顶部饰有月牙，具有典型的伊斯兰风格。整体呈六棱形，表盘嵌于六柱之间，用罗马数字进行标注，有"Manfd by Ansonia Clock Co. U.S.A"字样。钟亭造型优美，机械设计巧妙。

铜镀金三枪挂表

19 世纪末至 20 世纪初

美国

高 31 厘米　长 14 厘米　宽 14 厘米

◆　表顶部立有镀金旗帜，主体为三支镀银步枪，形成三角形支架，架间挂有小号和鼓形钟，表盘以罗马数字进行标注，底座为铜镀金三角形，上有 "Manfd by Ansonia Clock Co." 字样。曲的金龙，四角呈卷草状。

铜镀金两柱亭式座表

19 世纪末至 20 世纪初

美国

高 17 厘米　长 13.5 厘米　宽 9 厘米

◆　此座表为两柱亭式，顶部立有奖杯形装饰，中部以两柱作为支撑，二针报时表盘悬于支柱之间，用阿拉伯数字进行标注，中心有对称花卉图案，底座以四个花瓣形足作为支撑。

铜镀金天使座钟

19 世纪末至 20 世纪初

美国

高 44.5 厘米　长 19.5 厘米　宽 11 厘米

◆　此座钟顶部有喷泉形铜镀金饰件，周围以卷草及莒莨叶为装饰。中部上方嵌有二针报时表盘，以罗马数字进行标注，表盘上有"Manfd by Ansonia Clock Co. New York U.S.A"字样，表下方嵌有天使手持葡萄藤的珐琅画，四足为莒莨叶样式。此钟由美国安索尼娅公司生产。

铜镀金少年持扇表

19 世纪末至 20 世纪初
美国
高 13 厘米 长 17.5 厘米

◆ 表呈扇形，表盘镶嵌在扇面上，二针表盘用罗马数字进行标注，中心有对称花卉纹饰，表盘周围环绕花苞纹饰，右侧饰有蝴蝶，左侧装饰花卉纹饰。下部则为一少年坐于地面，双手持扇，头微抬正对表盘。整体造型生动，设计巧妙，灵活精美。该表由美国安索尼娅公司生产。

黑漆木楼式镶铜饰座钟

19世纪末至20世纪初

德国

高71.5厘米　长43厘米　宽29厘米

◆　此钟整体呈方形，顶部有奖杯形铜饰，上部梯形凸起四面嵌有铜质花纹绶带，四角各装饰奖杯形铜饰。中部共四个表盘，上部左侧左边为快慢调节表，下方标注"Made in Germany"，中间为打鸣、静音调节表，右边为报时声音调节表，下部最大表盘为二针报时表，正面打八下钟或敲四下锣，侧前方嵌有兽首垂花装饰，两侧嵌人面铜饰。底部正面嵌似老者头部铜饰，四足呈兽爪形。

自鸣鸟八音座钟

19 世纪中期

高 52 厘米　长 24.5 厘米　宽 16 厘米

◆　钟顶部及四角有奖杯形装饰，钟悬于亭内，附有蝴蝶摆，

钟内背景为森林图案，钟内装饰有蓝色雀鸟立于花木之上。

形象生动，色彩鲜明。上弦启动后，先打乐，乐声之后鸟鸣，

同时张嘴、摆头、摇尾，栩栩如生。

铜镀银月份牌式表

19 世纪
高 13.2 厘米　直径 10 厘米　足径 10 厘米

◆ 表顶部带提梁，中部玻璃内可见两组翻牌，上方为小时，下方为分钟，底部有弦可以调节。此表的表现方式类似于日历，设计新颖，整体素面无纹饰雕琢，干净简洁。

玻璃海棠叶式座表

19 世纪末

高 24 厘米　长 17 厘米　宽 17.5 厘米

◆　此表为玻璃海棠叶形状，外部为粉
色海棠花瓣，中间渐变为绿色，表盘位
于正中，錾金花，以阿拉伯数字进行标
注，底座为四片绿叶。该表形制规整，
设计精巧。

绿色箱式挂表

19世纪末至20世纪初

高 10 厘米　长 7 厘米　宽 4.7 厘米

◆　此表整体呈方形，上部装饰镀金相连圆珠式提梁，四面外凸。顶部呈椭圆形，正面及两侧左右似拱门形状，各相连部分以镀金圆弧锯齿状薄片装饰。正面玻璃可打开，内悬倒扇形绿玻璃表一件，表盘标注罗马数字，点金色圆珠标注分钟。底部有四足。

其他

卷草纹银柄手镜

19 世纪末至 20 世纪初

高 2.1 厘米　长 27 厘米　宽 11.5 厘米

◆　手镜为银质。镜身正面镶嵌有椭圆
形玻璃镜，镜柄、镜背饰有大面积卷草
纹图案。此手镜做工精良，造型华丽，
纹饰精美，为晚清时期后妃梳妆使用。

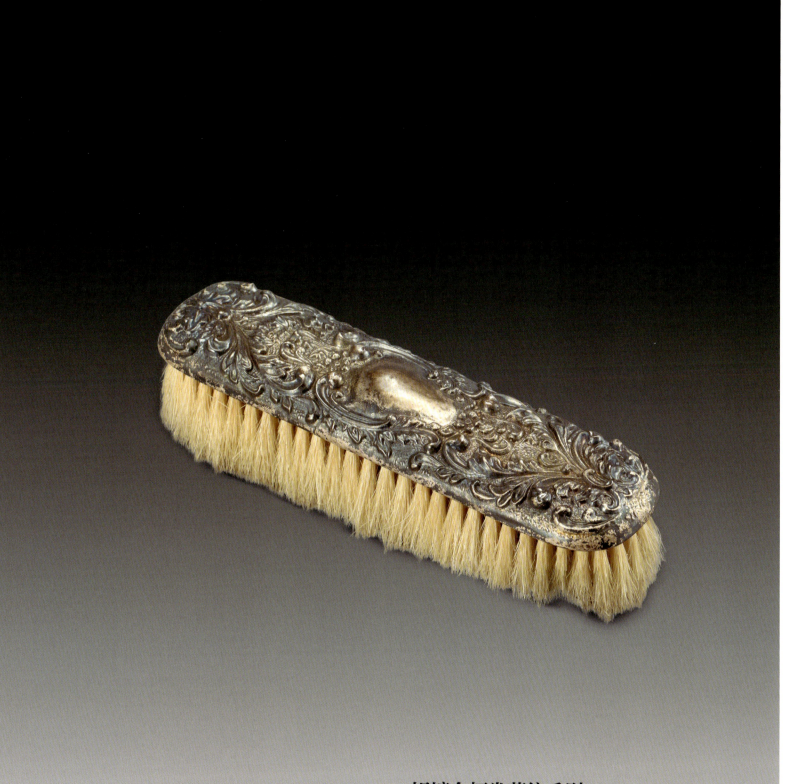

银镀金柄卷草纹手刷

19 世纪末至 20 世纪初
高 5 厘米　长 17 厘米　宽 4.5 厘米

◆　由长柄和刷毛两部分组成。长柄为银镀金质，通体装饰
有卷草纹图案；刷毛位于长柄下方，整体刷毛细密整齐，有
明显使用过的痕迹。

银镀金柄卷草纹圆形手刷

19世纪末至20世纪初

高6厘米　长24厘米　宽8厘米

◆　银镀金质。整体造型为椭圆形长柄手
刷，刷头背部、手柄饰有卷草纹图案，刷
毛细密齐整。

19世纪末至20世纪初

高6厘米　长24厘米　宽8厘米

彩绘描金花卉蓝玻璃圆盒

19世纪末至20世纪初

高 3.5 厘米　直径 10 厘米

◆　盒为玻璃质，圆形，通体蓝色，装饰描金花卉纹，蓝底之下隐约可见波浪纹及马赛克纹。整体色泽艳丽，造型简洁，是西洋玻璃器中的精品。

玻璃香水瓶

19 世纪末至 20 世纪初

德国

瓶：高 12 厘米　长 3.6 厘米　宽 3.6 厘米
外盒：高 4 厘米　长 13.1 厘米　宽 7.1 厘米

◆　香水为单瓶装，玻璃质，四方瓶体，带盖，产于德国柏林。瓶身上贴有标签，上印有"Violetta Regia""GUSTAV LOHSE""Königl Hoflieferant""BERLIN"字样，附原包装纸盒，应为德国使节送给清宫的礼物。"GUSTAV LOHSE"是香水品牌，该品牌为德国皇室供应商。

玻璃香水瓶

19世纪末至20世纪初

法国

瓶：高10.7厘米　长4厘米　宽4厘米
外盒：高5厘米　长14厘米　宽12厘米

◆　香水为两瓶装，玻璃质，四方瓶体，肩部接近坦直，带盖，产于法国巴黎。瓶身上贴有标签，上印有"ROGER &GALLET""ESSENCE VIOLETTE AMBREE""PARIS"字样，附长方形原包装纸盒，盒身也印有"VIOLETTE AMBREE"字样，应为法国使节送给清宫的礼品。"ROGER & GALLET"始于1862年，是西方皇家御用供应商。

龙纹有束腰木椅

高 61 厘米　长 52 厘米　宽 37.5 厘米

◆　木制。扶手与靠背一体而成，与座面相连。面下接束腰，腿足与束腰直角相接，中设牙板。四腿三弯，外翻马蹄足。两侧扶手雕刻成两条双足龙，口衔宝珠，龙身龙尾蜷曲成靠背。椅面边缘浅雕回纹，面侧饰宝珠纹。四腿雕饰四条无角龙，牙板两侧雕饰龙翼，中部雕刻宝珠及卷云，四足为龙尾卷曲，呈涡纹状外翻。此件椅子做工有典型的东洋风格，体量较小，应为儿童所用。

大清當今慈禧端佑康頤昭豫莊誠壽恭欽獻崇熙聖母皇太后

光緒癸卯年

慈禧手扶的花几，經對比與頤和園藏銅架嵌大理石花几一致

184

铜架嵌大理石花几

19世纪末至20世纪初

高 107.9 厘米　直径 37.5 厘米
足距 44.8 厘米

◆　花几桌面及锥形柱身为大理石材
质，四周装饰铜质托架和底座。其中桌
面与柱身相连接处以及腿部装饰有莨
苕叶纹饰，柱身装饰三个立体环形，足
为马蹄式，花几底座则以铜架为底，镶
嵌大理石板，点缀花卉纹饰。

嵌铜木方几

高 118.5 厘米　长 29 厘米　宽 28.2 厘米

◆　木制。几面用独板，面沿呈直角，下接直腿。腿足与面板间设拱形牙板，腿足收分明显，下接底屉，腿足用方材，腿径自上至下依次递减。此几通体光素，未加雕饰，面下四面牙板上装铜鎏金人物花卉纹饰片，另在底屉上方四腿各三面装铜鎏金花纹饰。此方几造型纤细高挑，棱角分明，并应用了螺丝固定，与传统中式方几有所不同。

嵌彩石螺钿面国际象棋桌

19世纪末至20世纪初

高 65.5 厘米　长 44 厘米　宽 43.5 厘米

◆　桌面由大理石制成，外框和内框四角共装饰八朵花卉，
花朵由螺钿镶嵌而成，中心则为 64 格组成的国际象棋棋盘，
由各色彩石镶嵌而成。桌架为木质，腿部呈弧弯状，上饰有
描金纹饰。

"铃木"款黑漆面
嵌牙兰草挂屏

19世纪末至20世纪初

日本

高138.5厘米　宽77.1厘米　厚3.5厘米

◆　挂屏通体以黑漆为地，屏面以简单
的红漆线条做装饰，凸出中部牙雕兰草
部分，右下角有"KUHN&KOMOR铃
木"款识。

"铃木"款黑漆面
嵌牙牡丹挂屏

19 世纪末至 20 世纪初

日本

高 138.2 厘米　宽 77.1 厘米　厚 3.5 厘米

◆　挂屏通体以黑漆为地，屏面以简单的红漆线条做装饰，凸出中部牙雕牡丹部分，右下角有"KUHN&KOMOR 铃木"款识。

莳绘花卉海棠式木胎方匣

19 世纪末至 20 世纪初

日本

高 19 厘米　长 28 厘米　宽 22 厘米

◆　此匣方形倭角，呈海棠形，木胎，镶银口，平底。通体采用莳绘的方法进行装饰，盒盖、盒身上描绘各类花卉图案，花叶以金、银粉作为区分。

◆　莳绘是漆器装饰中的技法之一，源自奈良时代，在漆液中加入金、银粉，干后进行推光处理，突显出金银色泽，多装饰有花鸟草虫或吉祥纹饰，尽显华贵。

八音匣

19 世纪末至 20 世纪初

高 32 厘米　长 76.8 厘米　宽 41.9 厘米

◆　木质髹漆外壳，素面，盒内放置机械音乐装置。盒盖内侧镶嵌有长方形玻璃镜。盒内分为三格，左侧格内有扳手作为上弦使用；中间格内有滚筒和簧片，钟碗处敲击的小锤设计为蝴蝶形，配合小鼓、滚筒共同奏出旋律；右侧格内则有两个按键。

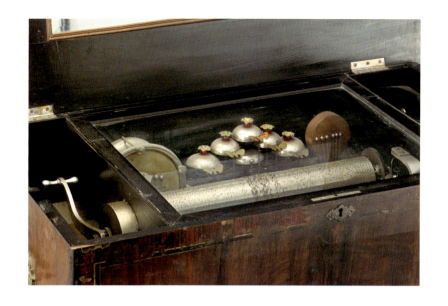

乐谱盒带

19世纪末至20世纪初

外盒：高 4.4 ~ 5.7 厘米　长 29.9 ~ 30.2 厘米
　　　宽 4.8 ~ 6 厘米
乐谱：长 28.6 ~ 28.7 厘米　直径 3.7 ~ 4.6 厘米

◆　盒呈长方形，纸质外壳内为卷成筒状的
纸带，带上有孔，根据打孔位置的不同播放
出不同的歌曲。外盒上的英文为曲名及作者。

钢琴

19 世纪末至 20 世纪初

美国

高 145.6 厘米 长 164.9 厘米 宽 72.1 厘米

◆　此架钢琴顶盖内有 " M. CLARK
PIANO CO." 字样。上门板以对称式花
纹作为装饰，琴腿为束腰方锥式，上雕
繁复花纹。

钢琴

19 世纪末至 20 世纪初

德国

高 128.9 厘米　长 149.3 厘米　宽 72.1 厘米

◆　此架钢琴由罗切尔公司生产，打开琴盖后可见到 "M. F. RACHALLS&CO." "1862 LONDINI HONORIS CAUSA" "HAMBURG" 字样。该公司于 1832 年在德国创立，是德国最知名的钢琴品牌之一。

铜胎珐琅瓶式多头蜡灯

19 世纪末至 20 世纪初

高 130.3 厘米　直径 66.2 厘米　足宽 33.6 厘米

◆　此蜡灯为铜胎，圆口，直颈，鼓腹，上有花形烛盏，下配镂空底座。顶部以金色莨苕叶纹为装饰，将各个独立的蓝色珐琅烛盏连接在一起，腹部呈蓝色，上装饰有金色叶片和深蓝色枝干，底座为铜质金色镂空花卉纹式样。

铜镀金红玻璃座电灯架

19 世纪末至 20 世纪初

高 53.5 厘米　直径 26 厘米　足径 10 厘米

◆　此电灯由铜镀金花枝状灯枝和红玻璃灯架组成。灯头为花朵形，电线从花茎中延伸出来，底足为四瓣花草叶状承托。该灯架是颐和园收藏的洋式电灯中的代表。

厢式人力车

19世纪末至20世纪初

日本

高 185.7 厘米　长 261.2 厘米　宽 144.9 厘米

◆　该人力车主体框架为金属结构，由车辕、车轮和木质车厢组成。车厢为黄色，四周为透明玻璃窗，车门正面绘有云龙纹图案，车厢背面绘有双龙戏珠图案。车顶上装饰有黄色流苏，车厢两侧有照明车灯，车厢内座椅装饰黄绸缎，上绣云龙纹饰。车轴表面标注有"SHANGHAI-SANGDAH&CO."字样。此车应为日本洋行制造。

人力车

19世纪末至20世纪初

日本

高 199.8 厘米　长 251.3 厘米　宽 105.2 厘米

◆　又称"黄包车"，因是从日本传入
中国因此也称"东洋车"。人力车是由
人力推挽的车辆，车架主体框架为金
属结构，由车辕、车轮、座椅、车灯
及车棚组成。车辕柄处由两条铜龙盘
绕，车棚为黄色皮质，顶端雕饰有金
龙，可以伸缩收起，座椅为木质，黄色
绒面制作，后背有黄底龙纹图案。车上
有"森大制造"标识，车轴表面标注有
"SHANGHAI-SANGDAH&CO."字样。

198

永和轮

19 世纪末至 20 世纪初

日本

高 4.8 米　长 20.4 米　宽 4.55 米

◆　永和轮是现存唯一一艘御船。光绪三十一年（1905 年），日本为了答谢在"日俄战争"中清政府给予的支持，而赠送慈禧太后一艘机动游艇，并呈进御用轮船名号"永和""善邻""同济""瀛安"，慈禧太后圈定船名"永和"。永和轮由日本大藏省川崎造船所根据昆明湖的水位深浅量身制造。光绪三十三年（1907 年），日方将材料机件从神户运来北京，借用颐和园船坞装配。光绪三十四年（1908 年），日本工学博士万濑等工程师、匠人六十余人在颐和园知春亭畔组装船体，四月建造完毕。船身钢制，外车式快游艇，船长 67 英尺，最大防舷之外侧 14.8 英尺，深 4 英尺，吃水 2.3 英尺，排水量 24.55 吨，总吨数 25.9 吨，汽罐直径 3 英尺，汽罐长 7.3 英尺，外车直径 6.9 英尺，外车旋转数每分钟 70 转，18 马力，速力 6 节。慈禧派奕劻、张

之洞、袁世凯等现场验看试乘时，轮船蒸汽锅炉钢管道突然爆炸，发声巨响，第一次正式驶航失败。经维修后，永和轮四月二十八日在昆明湖涵虚堂前举行"献纳典礼"。1914年，在清室内务府管理颐和园开放游览后，永和轮可供游客乘坐，每人收费2元。1928年国民政府内务部接收颐和园时，永和轮已不能使用。1931年时永和轮沉湖底。1939年，华北日伪政权王揖唐请川崎造船所打捞修理，由圆生厚铁厂施工，

自1940年10月开始维修，12月修复，"船面以下油绿色，船面及门窗为棕色，边缘贴以金色，天花板为白色支条，燕尾嵌以镂纹极细的铜叶，窗为两层，内层玻璃，外层铁纱，均可开启，壁上空隙镶配雕刻的西式花纹。前舱设祥云龙凤及宝座，船之前端木雕龙纹一条，凸出船身5寸"。修复后放置石舫以北百米左右、万字河东岸边，船旁筑砖台两个，供人登上观看。1949年后，永和轮仍置该处，已经破旧。1964年以

前，对永和轮不再整修，只作一般维护。1966年根据上级部门批复，将轮上一切可拆之物拆除，只存船壳及烟筒。永和轮现陈列于颐和园耕织图展厅区域保存。

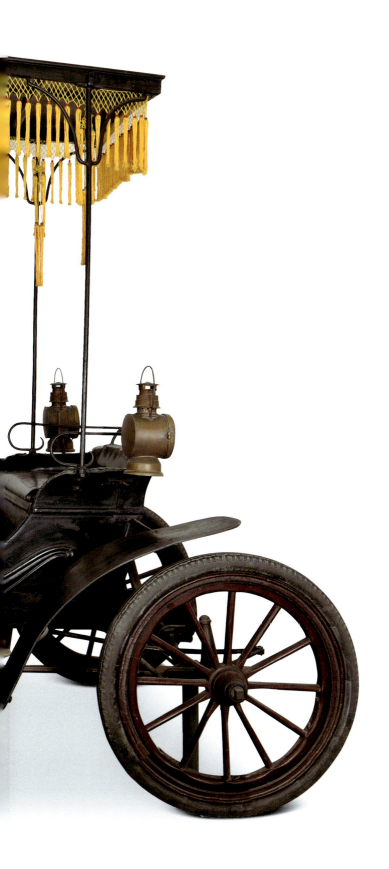

汽车

19世纪末至20世纪初

美国

高 224.9 厘米　长 303.5 厘米　宽 161.4 厘米

◆　颐和园所藏汽车，是光绪时期由外国进入中国的最早汽车之一。车的外形保留着 18 世纪欧洲马车的痕迹，木质车身、木质车轮辐条、实心轮胎、三缸引擎，有三个座位，其动力结构和转向结构原理与现代汽车相同。该汽车因长期存放，早已损坏，后颐和园将汽车整修、陈列供游人参观。此车是属于中国宫廷使用的第一辆汽车，也是中国保存完好的最古老的汽车之一。